U0578463

穆穆曾侯

枣阳郭家庙曾国墓地

长江文明馆
湖北省博物馆　编
湖北省文物考古研究所
襄阳博物馆

主编　方　勤
　　　吴宏堂

文物出版社

图书在版编目（CIP）数据

穆穆曾侯 ：枣阳郭家庙曾国墓地 / 方勤，吴宏堂主编；长江文明馆等编. -- 北京 ：文物出版社，2015.11
ISBN 978-7-5010-4430-6

Ⅰ. ①穆… Ⅱ. ①方… ②吴… ③长… Ⅲ. ①墓葬（考古）－出土文物－介绍－枣阳市－西周～春秋时代 Ⅳ. ①K878.8

中国版本图书馆CIP数据核字(2015)第257233号

穆穆曾侯——枣阳郭家庙曾国墓地

编　　者：长江文明馆
湖北省博物馆
湖北省文物考古研究所
襄阳博物馆
主　　编：方　勤　吴宏堂

责任编辑：李　红　杨新改
装帧设计：李　红
责任印制：张道奇

出版发行：文物出版社
社　　址：北京市东直门内北小街2号楼
网　　址：http://www.wenwu.com
邮　　箱：web@wenwu.com
经　　销：新华书店
制版印刷：北京图文天地制版印刷有限公司
开　　本：889×1194　1/16
印　　张：13.5
版　　次：2015年11月第1版
印　　次：2015年11月第1次印刷
书　　号：ISBN 978-7-5010-4430-6
定　　价：280.00元

展览主办

长江文明馆　湖北省博物馆　湖北省文物考古研究所

展览协办

襄阳博物馆　枣阳市博物馆

展出地点

长江文明馆

展览策划

吴涛　吴宏堂

项目负责

王纪潮　胡刚　曾攀

展览协调

曾攀　孙军　余文扬　黄翀宇　李贝　程陶　姚娵

图录编辑

长江文明馆　湖北省博物馆　湖北省文物考古研究所　襄阳博物馆

主　　编

方勤　吴宏堂

副 主 编

佘志宏　万全文　孟华平　王先福

执行编辑

凡国栋　王纪潮　胡刚　曾攀　陈丽新

编　　辑

金艺　黄发洋　李贝　孙军　张天宇　许倩

摄　　影

郝勤建　余乐　杨力　张吉

绘　　图

符德明　张博

序

长江是中华民族的母亲河之一，滋养了世界古文明中唯一延续至今的中华文明。随着考古学、历史学等学科的深入发展，先秦时期的长江流域已经从传统认识中的文明边缘，变为文明的重要起源地。经过千余年的开发和经济文化中心的南移，长江流域依托广阔的腹地及巨大的资源、人才优势，已成为我国未来经济增长、文化发展潜力最大的地区。

长江文明馆旨在通过梳理长江文明的流变，通过历史文物、自然标本和多媒体技术，让观众感受到长江流域优美壮阔的自然风光和悠久厚重的人文历史，将长江文明璀璨辉煌的过去和充满希望的未来呈现在世人面前。

“穆穆曾侯——全国十大考古发现：郭家庙墓地特展”是长江文明馆与湖北省博物馆、湖北省文物考古研究所、襄阳博物馆、枣阳市博物馆合作举办的首个临展，全面展示了2002年和2014年发掘的枣阳郭家庙曾国墓地的考古成果。郭家庙墓地位于长江最大的支流汉水流域，郭家庙墓地的发掘和研究，在历史学、音乐考古、冶金史等领域具有重要意义，填补了春秋早期曾国历史的缺环，为破解“曾随之谜”提供了新的材料。郭家庙、叶家山、文峰塔墓地及曾侯乙墓等重大考古发现，证明了曾国是西周早期中央王朝分封到南方的重要诸侯国，具有高度发达的礼乐文明，深化了我们对于两周时期长江流域政治格局的认识。

本次展览兼具学术性和观赏性，展品包括青铜礼器、车马器、兵器、玉器。我们相信，此次展览，能使专家学者看到最新的考古成果，使普通观众走近考古，直观地看到出土于长江流域的文物，增进对长江流域古代文明的了解。

祝展览取得圆满成功！

长江文明馆馆长

吴宏堂

湖北省博物馆馆长
湖北省文物考古研究所所长

方　勤

目 录

"汉东之国随为大"的考古学解析

——兼及两周之际的曾、楚关系

方 勤

一

曾侯乙墓发掘引起了学术界关于曾、随之谜的关注，李学勤、石泉等先生认为曾即随国，系一国两名，这一说法逐渐为学术界所认可[1]。叶家山曾侯犺西周曾国墓[2]、义地岗曾侯與春秋晚期墓的发掘[3]，表明曾国为姬姓国，始封于此的曾侯乃西周初年重臣南宫适（括）之后；曾国担负"君庀淮夷、临有江夏"的使命，是周王朝经营汉水流域及淮夷区域的重要诸侯国。春秋晚期的曾侯與编钟铭文记载"吴恃有众庶行乱，西征南伐，乃加于楚"，危乱之际，穆穆曾侯，"复定楚王"，与《左传》所述吴国攻破楚国都城、随人救楚昭王的记载一致，也为曾即随提供了强有力的证据。

"汉东之国随为大"的记载始见于《左传·桓公六年》。桓公六年，即公元前706年，楚武王伐随，楚大夫斗伯比分析楚、随两国实力时所言，斗伯比还以"吾不得志于汉东也"进一步阐释了"随为大"。可见，当时的随国实力不可小觑，不然，"随侯惧而修政，楚不敢伐"。其后，楚武王又分别于公元前704年、前690年两次伐随，尤其是公元前690年伐随，楚武王卒于军中，楚国军队秘不发丧，仍"除道梁溠，营军临随"，迫使随人"惧"而签订了盟约。不过，楚国军队班师时"济汉而后发丧"，仍是忌惮随人乘势攻击，可见此时的随国实力仍是强盛的。

楚建国之初虽"土不过同"，但经过熊渠、武王、文王等雄主的北征东扩，逐步发展成雄踞一时的南方大国。战国早期的曾侯乙墓，证明当时曾楚关系密切，曾国应为楚国的附庸国。这个观点也一直影响和左右着关于西周时期、春秋早期之前的曾、楚关系和军事实力的认识。近年的曾国考古发现不断更新我们的认识，叶家山的发掘让我们认识到西周早期曾国是一个实力强劲的诸侯国；郭家庙的发掘，特别是曹门湾墓区发现的长达32.7米的春秋早期诸侯国最大的车坑，使我们看到了当时曾国军事实力的强大。

郭家庙墓地的考古学年代为两周之际，即上限不超过西周晚期，下限为春秋早期，而《左传》记载楚国伐随的三次时间为鲁桓公六年、八年和鲁庄公四年，正好与郭家庙墓地的时代相当。文献记载与考古发掘的吻合，使我们能更好地从史料、文物两个角度来解析这段历史。从考古学的角度，叶家山曾国墓地的发掘，证明曾国始封之时确为实力雄厚的核心诸侯国，不论其间国力如何发展变换，至郭家庙墓地的春秋早期，曾国的军事实力仍然强劲。这与文献所言"汉东之国随为大"就相互印证了。滚河系汉水的支流，紧邻滚河的郭家庙在汉水的东面，西距汉水30千米左右，曾国地处汉水之东，与不断渴望向东扩张的楚国相邻，引得楚国发出"不得志于汉东"的感慨就实属自然了。

郭家庙墓地的东南约2千米有忠义寨城址，经过调查，时代可至两周之际，与郭家庙墓地同期；其东约1千米为周台遗址[4]，其遗存时代跨越了西周晚期和春秋早期。忠义寨城址、周台遗址与郭家庙墓地分布在大约6平方千米的区域内，构成了曾国在西周晚期、春秋早期这一时期城址、居住遗址和墓葬的完整布局，其城址在水之北、墓葬在城址西北向等特点，与同时期如天马—曲村晋国等诸侯国都城的布局特征相似。

与郭家庙紧邻的周台遗址，包含西周晚期至春秋早期遗存，是郭家庙墓地同期的生活居住遗迹。2002年对周台遗址的考古发掘表明，西周晚期、春秋早期是曾国文化，但春秋中期至战国时期为楚国文化。这说明春秋中期以后，楚国占据了此地。其中西周晚期的曾国M3被盗，但盗洞之上又覆盖了春秋晚期楚国人生活的居住面，表明该墓葬是春秋中晚期被楚国人盗挖的。东周时期处于战争中的双方，因为攫取铜器等原因，战胜国常常盗挖战败国的墓葬，结合《左传》楚武王三次伐随等记载，M3被盗正是楚、曾处于战争状况在考古学上的反映。汉水之东，曾国最强盛，处于汉水之西的楚国要向东扩张，需要打通随枣走廊。而曾国作为周王朝派往南方的核心诸侯国，肩负"君庇淮夷、临有江夏"的使命，曾、楚两国处于战争态势就自然难免。

但曾、楚关系又不完全如此。笔者在主持郭家庙墓地发掘期间，得知2002年高速公路建设时，出土有一铜鼎（见图），该鼎破坏严重，为两周之际常见的曾国铜鼎，尽管铭文仅残存"曾侯作季…汤弥（芈）媵…其永用…"，仍

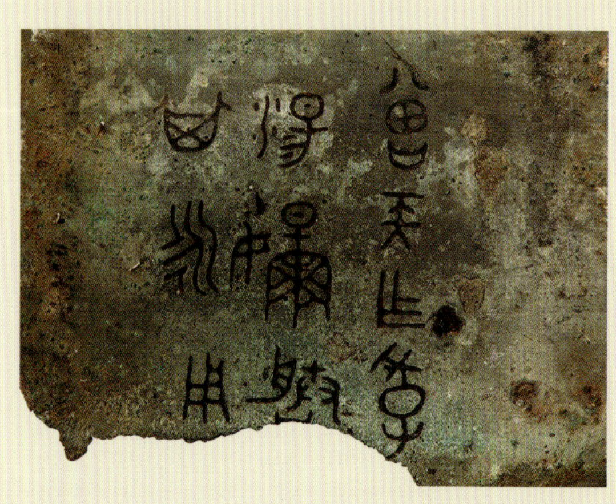

曾侯作季汤芈鼎及铭文

可知是曾侯为某位嫁到了曾国的芈姓楚国女子作的鼎。该是春秋早期之前，楚国人尚未占领郭家庙一带，或是当时曾楚还未发生战争，双方存在婚姻关系；或是即使双方已经有了战争，仍难免既斗争又联合，并不影响双方发生婚姻关系。周代有婚姻关系的两国，即便是一国国君娶了对方国君的女儿，并不影响他们之间的战争，如秦、楚之间，楚、邓之间，这也是那一时期诸侯国之间政治局势的常态。《左传》记载楚武王伐随时提到的重要女性是夫人邓曼，她是邓国人，恰是她儿子楚文王于公元前678年灭掉了邓国。

二

郭家庙墓地、周台遗址、忠义寨城址为"汉东之国随为大"这一历史语境下的重要遗址，在西周晚期和春秋早期，段营、熊家老湾、何家台等地均有同期青铜器出土，除此之外，京山苏家垅也是这一时期的重要遗址。这些遗址和墓葬，尤其是出土文物反映的信息，让我们得以窥见"随为大"的一些历史信息。

郭家庙墓地分布在两个相对独立的山岗上，北岗为郭家庙墓区，南岗为曹门湾墓区，总面积达120万平方米以上。2002、2014年两次发掘，共清理墓葬近60余座，已发掘曹门湾M1、郭家庙GM21两座国君级墓葬，曹门湾墓区还发掘了大型车坑和马坑，征集或发掘所见铭文有"曾侯"、"曾侯絴白"、"曾伯陭"等。结合考古调查，墓地东南约2千米的忠义寨城址应是同期的都城。苏家垅墓地1966年因修水利出土过九鼎为学术界关注，有"曾侯仲子游父"、"曾仲游父"等铭文，但尚未发现确凿的大型墓坑，勘探中也未发现类似曹门湾墓区那样大型规格的完整墓地布局。苏家垅墓地附近虽未发现同期城址，但根据墓葬距城址不远的规律，附近也应有一处重要城邑。郭家庙、苏家垅墓地同期，两者应为都城与重要城邑之间的关系。

郭家庙墓地曹门湾墓区2014年发掘了曾侯M1，今年又勘探出了夫人墓M2，规格较M1略小一些。郭家庙墓区2002年发掘了曾侯墓，最近勘探的成果显示周边还有大型墓葬。这些布局完整的高规格墓地，体现了曾国的国力。尤其是曹门湾墓区的大型车坑长32.7、宽4米，葬车28辆，东西纵列式布局，出土精美的轂饰、軎、辕饰、銮铃等铜质构件约122件（套），车坑的北沿、南沿分别发现了14个、2个柱洞，是首次发现的类似“车棚”的地面建筑；马坑长9、宽8米，葬马49匹以上。这是曾国历史首次发现的大型车坑马坑，单就同期诸侯国发现的车坑比较而言，其车坑是最大的。同期的虢国也出土了大型车马坑，但车马是葬在一起，车13辆。这也从一个方面反映了曾国的军事实力。

音乐文物是郭家庙墓地考古发掘的一个最大亮点，也是体现这一历史时期曾国礼乐文明的重要内容。此次发现了钟、磬、瑟、鼓等众多乐器，其中瑟和建鼓是迄今发现最早的。更为重要的是，钟、磬的横梁圆雕龙首，立柱为圆雕龙凤合体羽人形象，钟、磬的底座是圆雕凤鸟造型，经过复原研究，编钟的横梁和立柱可组成曲尺形，与编磬组合，刚好构成“轩悬”这一诸侯级的乐悬规制。这些高规格的编钟、编磬及其他精美乐器的发现，是曾国礼乐文明发达的一个体现，也勾画出了叶家山、郭家庙、擂鼓墩这一曾国诸侯乐悬制度的纵向发展序列[5]。

科技上的成就也是体现这一时期曾国国力的一个重要方面。如曹门湾墓区出土的金银合金虎形饰、铜虎形饰等，采用了锤锻、锻模、冲孔等工艺，为我国考古发现最早的采用这些工艺的实证；其中一个虎形饰，还采用了鎏金工艺，也是考古所见最早的。此次发掘还发现迄今为止最早的墨块。

三

叶家山、郭家庙、义地岗（包括文峰塔，文峰塔只是义地岗的一个组成部分）和擂鼓墩，这些是曾国考古中极其重要的地名，它们是曾国的国君从西周早期、春秋早期、春秋晚期至战国早期不同时期的墓地[6]。近几年来，通过连续的考古发掘，逐步揭示了曾国的历史。叶家山揭示了曾国始封的秘密，让我们知道曾国是西周初年的核心诸侯国；郭家庙诠释了春秋早期“汉东之国随为大”和楚武王三次伐随的历史，表明曾国在春秋时期仍是军事强国；义地岗与擂鼓墩揭开了曾、随之谜，展示了曾、楚之间“周室之既卑，吾用燮就楚”的历史[7]。正是这些不期而遇的考古发现，让我们得以揭开尘封的曾国秘密，与古人进行穿越千年的对话。

注释

[1] 李学勤：《曾国之谜》，《光明日报》1978年10月4日；石泉：《古代曾国—随国地理初探》，《武汉大学学报》（哲学社会科学版）1979年第1期。

[2] 湖北省博物馆、湖北省文物考古研究所、随州市博物馆：《随州叶家山——西周早期曾国墓地》，文物出版社，2013年。

[3] 湖北省文物考古所、随州市博物馆：《随州文峰塔M1（曾侯與墓）、M2发掘简报》，《江汉考古》2014年第4期。

[4] 襄樊市文物考古研究所、枣阳市文物考古队：《枣阳周台遗址发掘报告》，《襄樊考古文集（第一辑）》，科学出版社，2007年。

[5] 方勤：《曾侯音乐文物小考》，《东亚音乐考古研究论文集》，中州古籍出版社，2014年。

[6] 方勤：《曾国历史的考古学观察》，《江汉考古》2014年第4期。

[7] 李天虹：《曾侯與编钟铭文补说》，《江汉考古》2014年第4期。

枣阳郭家庙曾国墓地曹门湾墓区考古主要收获

方勤　胡刚

郭家庙墓地隶属于枣阳市吴店镇东赵湖村一、二组，距枣阳县城15千米，坐落在汉水支流滚河北岸。2008年被批准为第五批湖北省重点文物保护单位。墓地所在位置是随枣走廊的西部，为古代南北文化的交汇之地。墓地中心位置为北纬31° 58′ 20.18″、东经112° 50′ 53.70″，海拔高程110米。

郭家庙墓地分布在两个相对独立的山岗上，北岗为郭家庙墓区，南岗为曹门湾墓区，总面积达120万平方米以上。墓地东距周台遗址、忠义寨城址1～2千米，西距九连墩战国楚墓群1.5千米。2002年，襄阳市文物考古队对郭家庙墓区进行了发掘，一共清理墓葬25座、车马坑1座、车坑2座，出土了包括曾伯陭钺等重要文物。

2014年11月至2015年1月，为抢救性保护郭家庙墓地文物，经国家文物局批准，湖北省文物考古研究所、荆州文保中心等单位联合对曹门湾墓区进行了发掘。此次共清理西周晚期至春秋早期墓葬29座、车坑1座、马坑2座、车马坑1座，共出土铜、漆木、玉石、金、银、锡、陶、骨、皮革等各类质地文物1003（套），包括青铜器744余件（套）、玉器93件、陶器44件、漆木器88件。其中多件鼎上发现“曾子”铭文，结合此前发现的曾伯陭墓，判断此墓地应为西周晚期至春秋早期曾国的公墓地。曹门湾墓区以位于岗地最高处、规模最大的M1和陪葬的大型车坑、马坑为中心，其余中、小型墓葬有序分布于M1的西侧、南侧。

M1为带斜坡单墓道岩坑墓，东西向，一椁二棺。墓室长11、宽8.5、深8米。墓道与墓室同宽，长10米，斜坡自东而西，临近墓室处渐收为一平台，形制特别。该墓早期被盗扰，但椁室保存较好，未发现分室现象。器物摆放有一定规律：椁室内西北部为车马器，北部为编钟架、编磬等礼乐器，南部为兵器，东部为豆、盒等漆木器及金玉器（疑原有大型青铜礼器早期被盗），出土文物总数达700余件（套）。出土的音乐文物最具特色，数量较多，种类丰富，大部分为漆木质地，主要有石磬、木质鼓、瑟及木质钟架、磬架、建鼓架等。钟、磬架横梁（即笱）均为两端圆雕龙首，通体浮雕彩绘变形龙纹；钟、磬架立柱（即虡）均为圆浮雕的龙凤合体羽人形象，并以龙首穿插其间。笱虡以“鳞者”为笱，以“赢者”为虡的结构模式和装饰题材与《周礼·考工记·梓人》“赢者羽者鳞者，以为笱虡。……小虫之属，以为雕琢”的记载吻合。钟、磬、建鼓架的底座（即跗）为彩绘圆雕凤鸟造型，初步判断有5件，均有不同程度的腐蚀，其中较大者圆雕凤首，通体彩绘纹样，颈部为垂鳞纹，形象生动。值得关注的是，通过木构件榫卯结构的拟合，编钟笱虡当为曲尺形，与编磬组合，刚好构成“轩悬”规制。瑟尾彩绘浮雕龙纹，3个枘孔、17个弦孔清晰可见，为瑟的早期形态，并发现瑟码6个。建鼓贯柱（即楹）高3.31 米，柱身彩绘蟠龙纹。瑟、建鼓以及钟架、磬架是迄今发现的最早实物。墓内出土弓、矰矢、缴线轴的组合，是迄今所见最早的成套弋射用具。出土矰矢4 件，其中2件经Thermo Niton XL3t便携式XRF能谱仪检测，一件表层含金量达53％多，一件达43％多。墓内出有一枚墨色块状物，经检测含碳12%～15%，可书写，为考古所见最早的人工书写颜料，可能为墨的早期形态。发现的大量金属饰件，如金银合金虎形饰（含金量约87%）、铜虎形饰等，采用了锤锻、模锻、冲孔等工艺，为目前我国考古发现的最早采用这些工艺的实证。铜虎形饰采用了鎏金工艺，是我国最早的鎏金实物。棺底清理出土较多玉人、玉虎、玉腰带饰以及玉组佩等，以小件为主，制作精美。玉饰多见凤鸟纹，玉人造型玉饰为人龙合体，是两周之际常见题材。

本次发现的一号车坑、一号马坑为M1陪葬车、马坑，并列分布在M1的西南面。一号车坑长32.7、宽4米，葬车28辆，是同期所见最大的车坑。车采用东西纵列式，多数车上带有軎、毂饰、辕首饰、辕末饰、銮铃等铜质构件，根据迹象可见车舆、毂、辐、轮、辕、衡等结构清楚。车坑出土车构件、车饰约122件（套）。车坑的北沿发现了14个柱洞，南沿也发现2个柱洞，这是迄今为止此类遗迹的最早发现，推测车坑填埋前其上建有类似为车棚的建筑，以保持车填埋时的完好状态，这种做法可能与“诸侯五日而殡，五月而葬”的礼制有关。一号马坑长9、宽8、深2米，葬马49匹。马坑上有一长1、宽0.5米左右的盗扰坑，推测有3 匹马被盗毁。马匹是被杀死后葬在坑中，坑南部和北部的马匹摆放整齐，其他部位的则较凌乱，有上下叠压的现象。所有马头排列多见两个一组，据此推测一号车坑的车应多为两驾马车。

清理中型墓22座，可分两类：一类稍大，如M5、M9等，墓口长约5～7、宽约4～5米，葬具为一椁二棺，附葬有车马坑；一类长4～5、宽约3米，形制为一椁一棺，如M10、M13等。中型墓多数被盗扰，随葬器物主要放在棺外的东部椁室内，以青铜礼器鼎、簠等配以磨光黑陶罐、壶等，一般一墓一鼎。棺椁之间还见青铜兵器和车马器。棺内头部至胸部常随以玉器，有的在腰部发现圆形铜腰饰。棺底铺有朱砂，棺的首尾两头有枕木槽。M10、M13各出铜鼎1件，鼎内壁分别有“曾子□（泽）”、“曾子寿”字样铭文。M22出土鼎1、盘1、匜1、簠2，鼎附耳，蹄足，颈部饰窃曲纹、腹部饰垂鳞纹，内壁有“郘君鲜”字样铭文。盘内底有“旁伯”字样铭文。小型墓6座，为一椁一棺或单棺，多带侧壁龛，龛中放置一组陶器，器类有鬲、豆、罐、壶等。

发掘期间，还调查了郭家庙墓地东南的周台遗址、忠义寨城址。经调查发现，两地与郭家庙墓地均有西周晚期至春秋早期遗存，文化特征、属性相同。同时从地理位置看，郭家庙墓地位于后两者的西北部，比较符合古代国君墓多位于都城西北部葬制，据此推测这两处遗址可能与这一时期曾国都城相关。

此次发掘，基本厘清了郭家庙墓地曹门湾墓区以大墓为中心，周围分布陪葬墓、车马坑的较为完整的墓地布局，确立了墓地西周晚期至春秋早期的年代范围，基本肯定了郭家庙墓地是曾国公墓地。1982年在M1西南面耕土层出土的“曾侯絴白秉戈”铭文，也为我们推测墓主人的身份提供了线索。郭家庙曾国墓地与叶家山西周早期曾国墓地、文峰塔曾国墓地、擂鼓墩曾国墓群共同构建了曾国考古学的年代序列，为研究曾国历史与周代封国制度提供了重要的资料。

（原载《江汉考古》2015年第3期）

穆穆曾侯

枣阳郭家庙曾国墓地

前言

郭家庙墓地位于枣阳市吴店镇东赵湖村，分为郭家庙墓区和曹门湾墓区两个部分。2002年和2014年，湖北省的考古工作者先后两次在郭家庙墓地进行抢救性发掘，证实这一墓地是西周晚期至春秋早期的曾国高等级贵族墓地。2014年的考古发掘，因其重大的学术价值被评为当年的全国十大考古新发现之一。

郭家庙墓地两个墓区共清理墓葬60余座、车坑2座、马坑2座、车马坑3座，出土铜、陶、漆木、骨、皮革、玉石、贝等文物5000余件。其中一批铭文青铜器确认了其为曾国墓地，为研究曾国早期的历史、文化及曾国与楚、邓、黄、卫、弦等方国的关系提供了十分重要的资料。

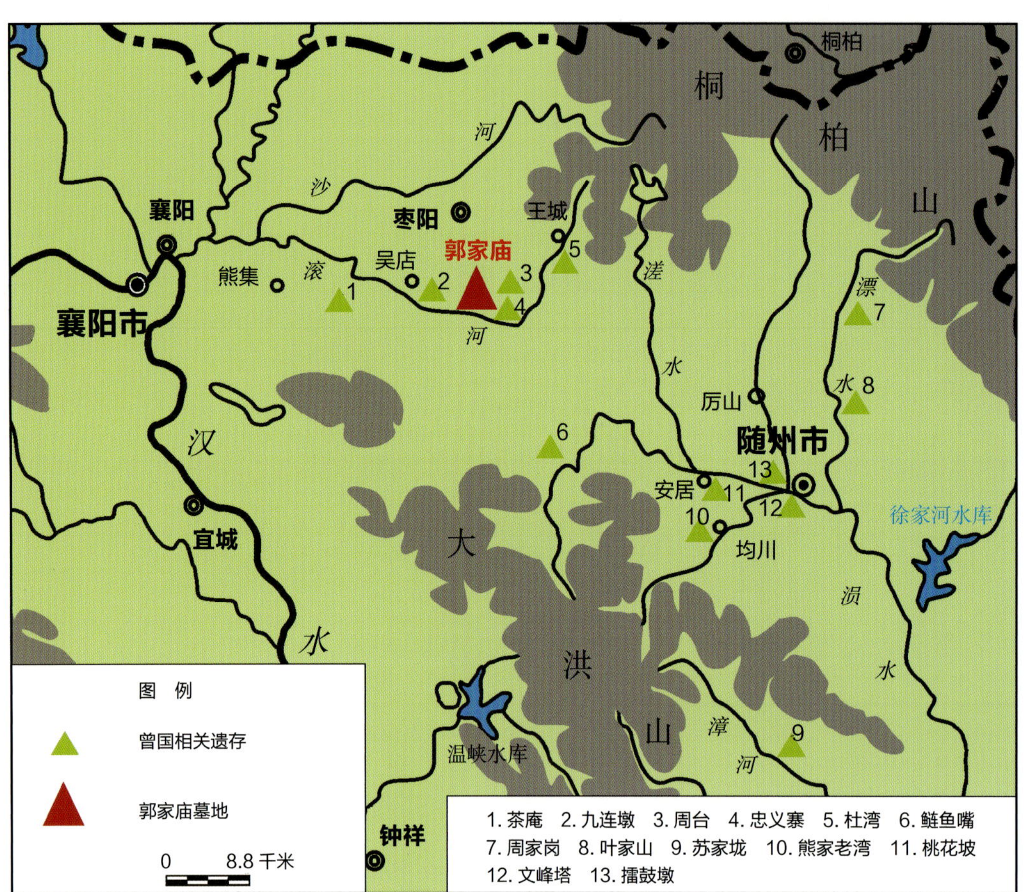

郭家庙墓地位置图

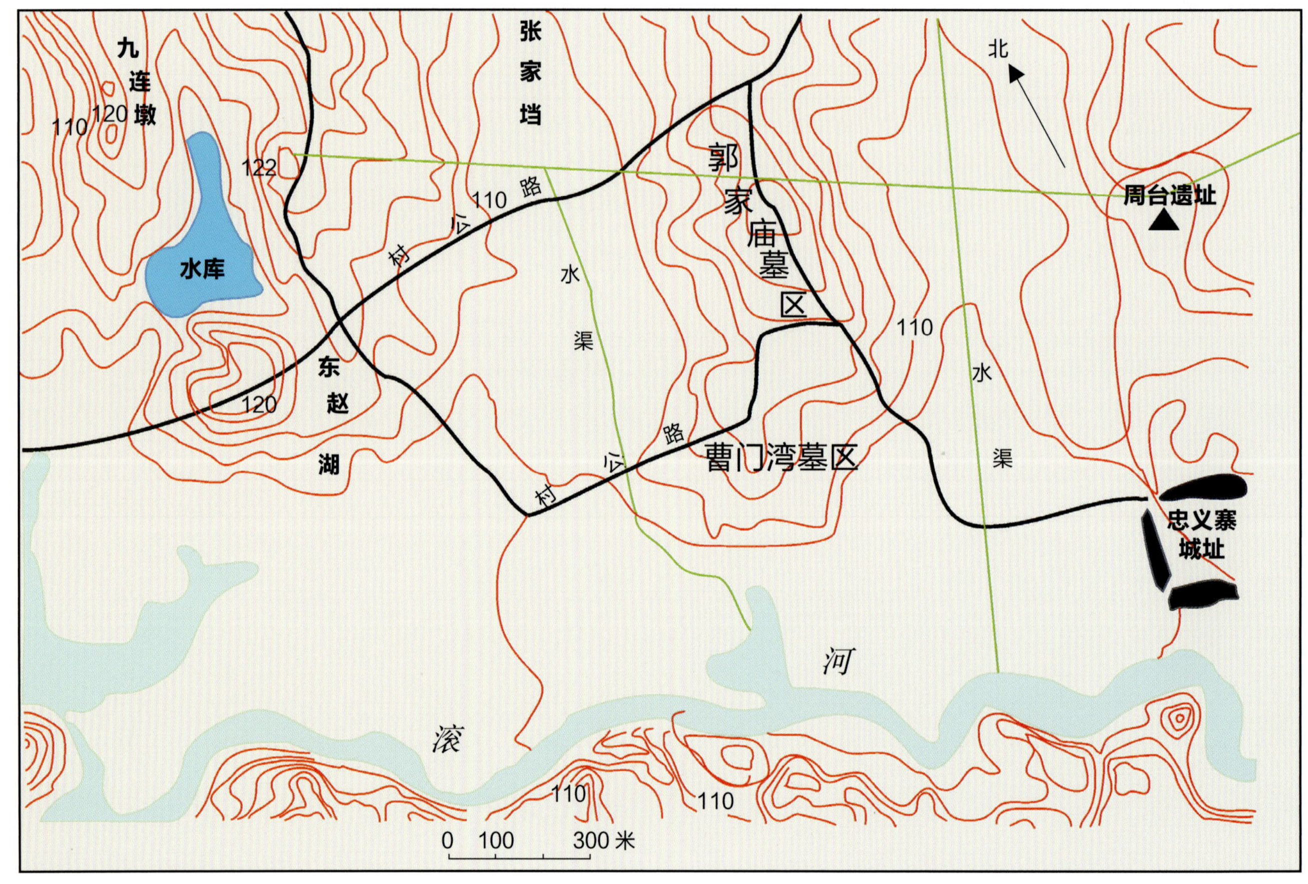

郭家庙、曹门湾墓区位置关系地形图

第一单元

郭家庙墓区

郭家庙墓地位于湖北省枣阳市东南约18千米的吴店镇东赵湖村长约1500米的岗地上。其中郭家庙墓区位于岗地中段，南北长约400、东西宽约300米。其西南约300米为曹门湾墓区，其西北1.5千米为战国九连墩墓地。

郭家庙墓区2002年的发掘成果认为，年代属于西周晚期的曾伯陭墓（GM21）位于该墓区的核心位置，墓地以此为基点向西、向南发展。不过，最新的考古勘探和发掘成果显示，GM21以北、以东仍然分布着较多同类墓葬。特别是GM21以东临近位置勘探出一规模与GM21相当的墓葬，可能为曾伯陭的夫人墓。GM21以北，岗地的中轴线上分布着多座大中型墓葬。墓葬均为岩土坑墓，墓向朝东。墓内出土的青铜器风格与1972、1983年的曹门湾墓区发现的青铜器风格一致，证明为同一墓地。该墓区或是曾伯陭的家族墓地。

一　发掘概况

2002年11月，因孝（感）襄（樊）公路横穿郭家庙岗地发现文物，经国家文物局批准，襄阳市博物馆、文物考古研究所对其进行抢救性发掘。在郭家庙墓区共发掘墓葬25座、车马坑1座、车坑2座。另有4座因施工破坏，经过分析确认为墓葬，实际发现墓葬29座。

根据墓葬形制和随葬品多少，可将郭家庙墓地的墓葬分为四类：（1）带墓道一椁二棺铜器墓。（2）带墓道一椁一棺铜器墓。（3）一椁一棺铜器墓。（4）一椁一棺陶器墓。

郭家庙墓地远景

跨高速公路天桥区域为2002年发掘区，右边岗地围栏范围内的区域为2015年正在发掘区域

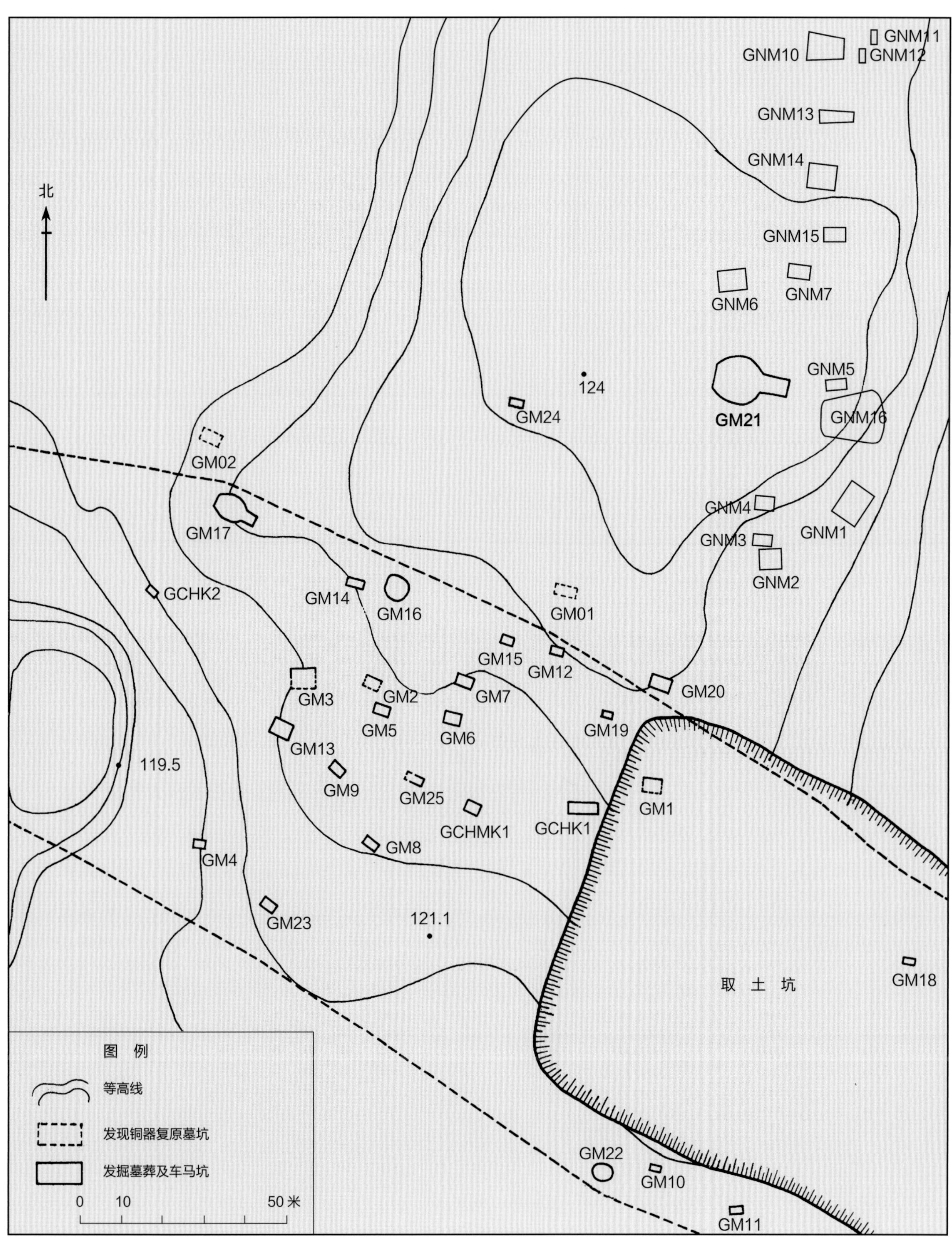

郭家庙墓区墓葬及车马坑分布图

根据最新勘探发掘情况改绘，GNM为最新发掘墓葬

1. GM21

位于郭家庙墓区北部最高的台地偏东处，是该墓区最显要、最核心的位置。长方形岩土坑，东端设墓道。墓底东西长6.56、南北宽4.12、墓深6.1米。葬具为一椁二棺。椁室东西长5.3、南北宽3.6米。外棺置于椁内中部偏北，根据痕迹测量其长度为2.8、宽度约1.2米。内棺置于外棺正中，内底铺一层约5毫米厚的朱砂。

墓葬早期被盗，墓室被扰乱，大件的青铜礼乐器多无存。残存随葬器物共计2355件，其中铜器2085件，主要有兵器、车马器和铃钟等。其次有玉石器和少量金箔、骨器等。

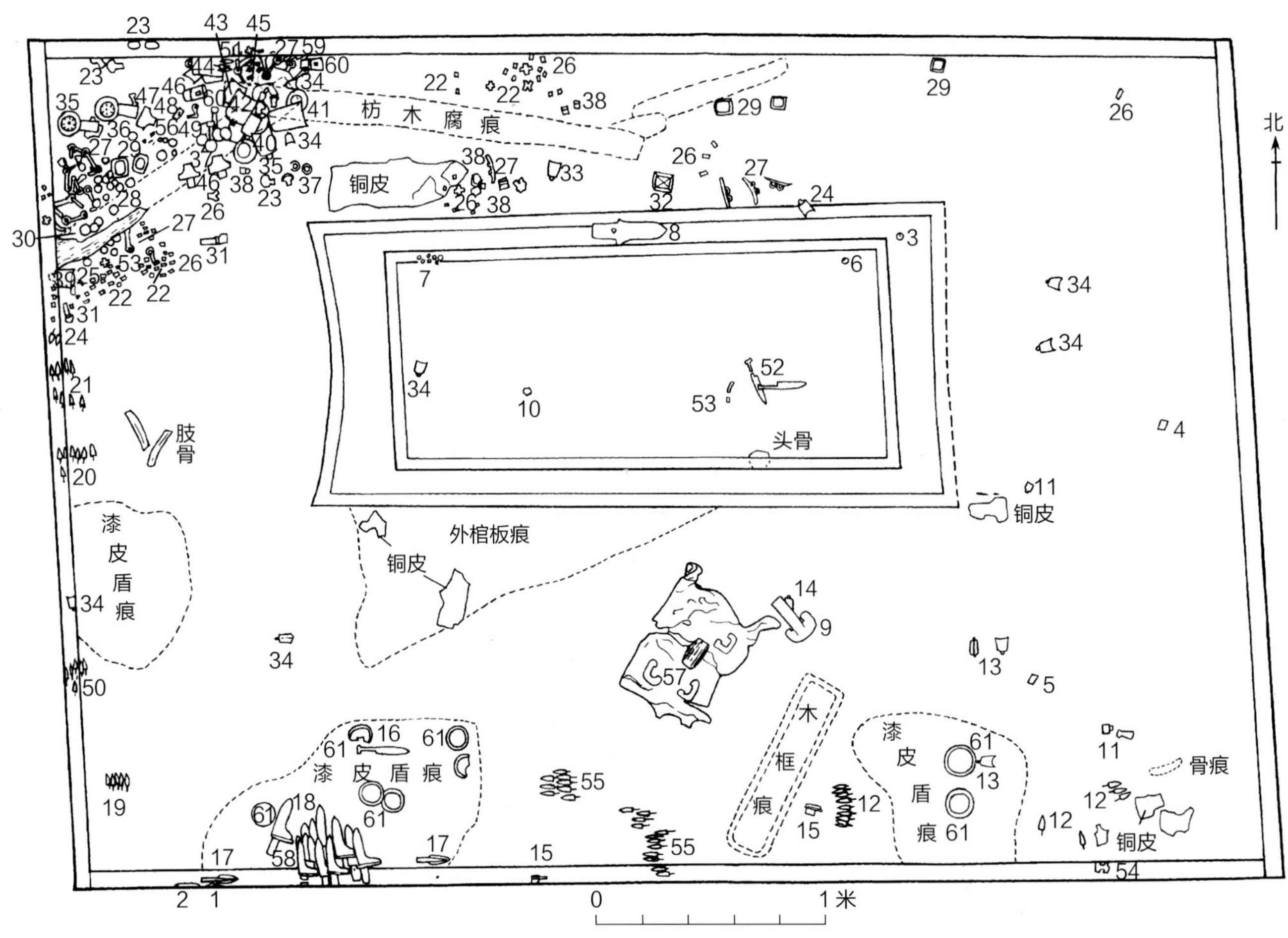

GM21墓坑

GM21棺椁、随葬器物分布平面图

1、2、17.铜矛　3、6.石英珠　4、5.铜盖沿　7.玛瑙珠　8.玉戈　9.铜钺　10.玉琀　11.铜器足　12、19、20、21、24、50、51、55、59.铜镞　13、14、33、34.铜小铃　15、18、58.铜戈　16、52.铜削　22.铜銴、铜帽、节约　23.铜轭足　25.骨管　26.铜节约　27.铜衔、镳　28、30.铜圆扣形饰　29、32.铜泡　31、49.铜辖　35.铜銮　36、46.铜轭首　37.铜环　38.铜带扣　39~45.铜铃钟　47.铜小腰　48.铜构件　53.玉管　54.铜器耳　56.金箔　57.铜牌　60.铜軎　61.铜盾锡

2.GM17

位于郭家庙墓区中部西侧。长方形岩土坑，东端设墓道，方向115°。墓底东西长5.63、宽3.76～3.8米。葬具一椁一棺。椁室东西长4.3、宽2.6米。单棺置于椁内中部，东西长2.22、宽0.78米。墓坑之南设附葬坑。

墓室早期被盗，而器物坑内器物保存完整。随葬品共见有铜鼎2、鼎足1、鬲1、壶2、杯1、方座形器1、小铃7、“Y”字形器4、帽形器1，陶小口鬲2、罐5、豆4、器盖6，玉石佩14、管22、贝1、珠102等。

GM17墓坑

3.GM3

GM3位于郭家庙墓区西南部。长方形土坑，方向100°。墓坑底东西长5、东端残宽0.28、西端残宽2.6米，墓深3.7米。葬具腐朽，据痕迹判定为一椁一棺。

墓葬早年被盗，铜礼器等无存。仅在椁内西北角和棺外北侧发现车马器和兵器以及两块铜皮腐烂痕迹。共计出土器物271件，全部为铜兵器和车马器。

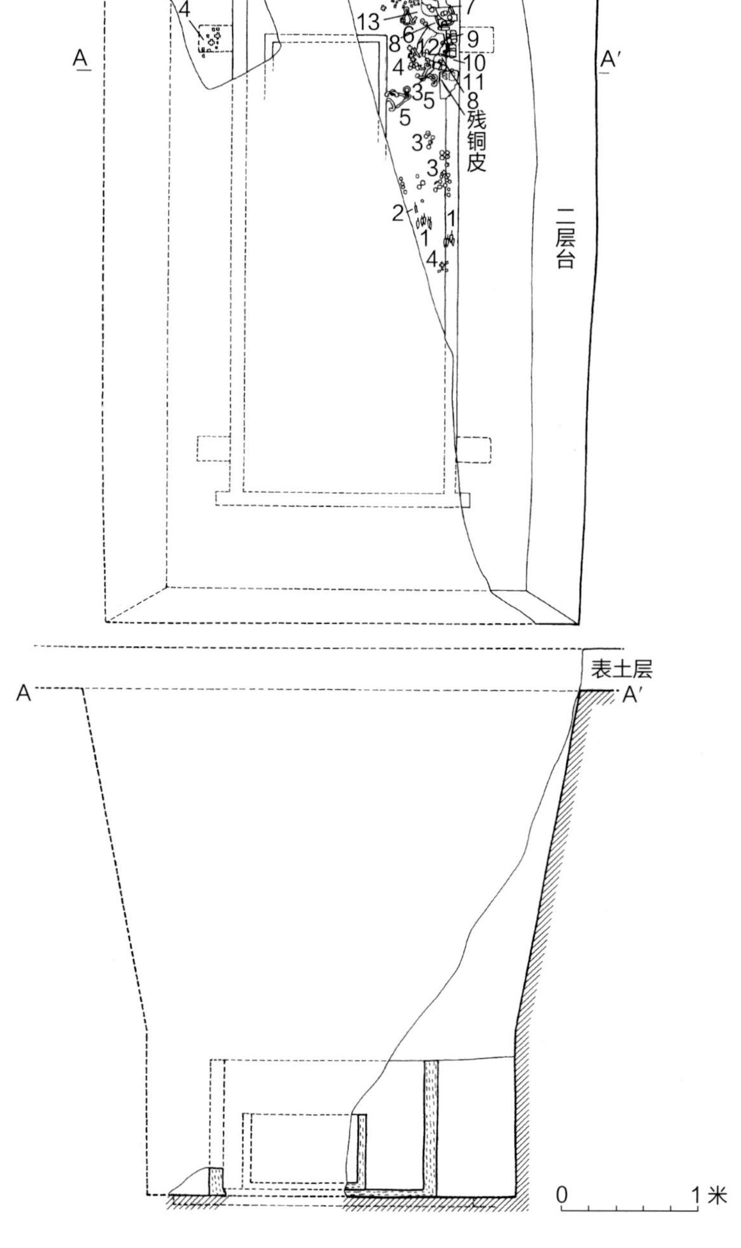

GM3平、剖面图

1、2.铜镞　3.铜圆扣形饰

4.铜节约、铸

5、6.铜镳、衔　7.铜环

8、11、12.铜辖

9、10.铜軎　13.铜马胄、盾锡

4.GCHK1

位于郭家庙墓区中部。长方形岩土坑，方向275° 。口略大于底，坑口东西长7.3、宽3.36～3.73米，坑底东西长6.56、南北宽2.72米。

整个车坑内清理出3辆车，车子皆为木质结构经髹漆而成，仅剩下一层漆皮，木胎皆已腐朽变形。车的结构基本相同，均由一辀、一衡、一舆、两轮等主要部件构成。车轮皆先拆卸后放于坑底，再从坑的东部向西依次顺向放置木车，车的辀、衡、舆有叠压关系。

GCHK1全景

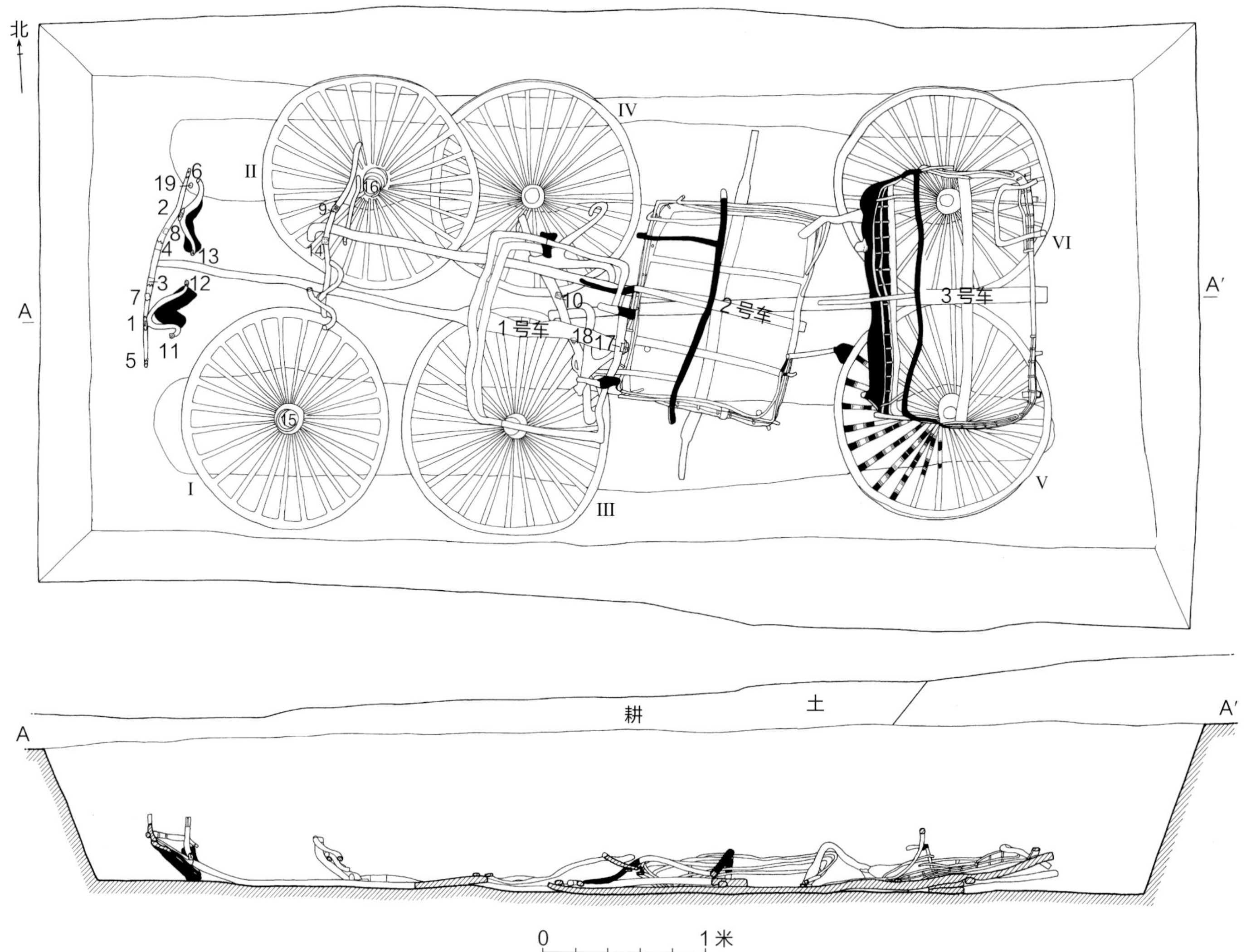

GCHK1平、剖面图

1号车（GCHK1-1）：1、2.铜轭首　3、4.铜衡内饰　5、6铜衡末饰　7、8.铜带扣
11~13、19.铜轭足　15、16.铜毂饰　17.铜踵饰

2号车（GCHK1-2）：9、14.铜带扣

3号车（GCHK1-3）：10、18铜带扣　Ⅰ~Ⅵ.车轮

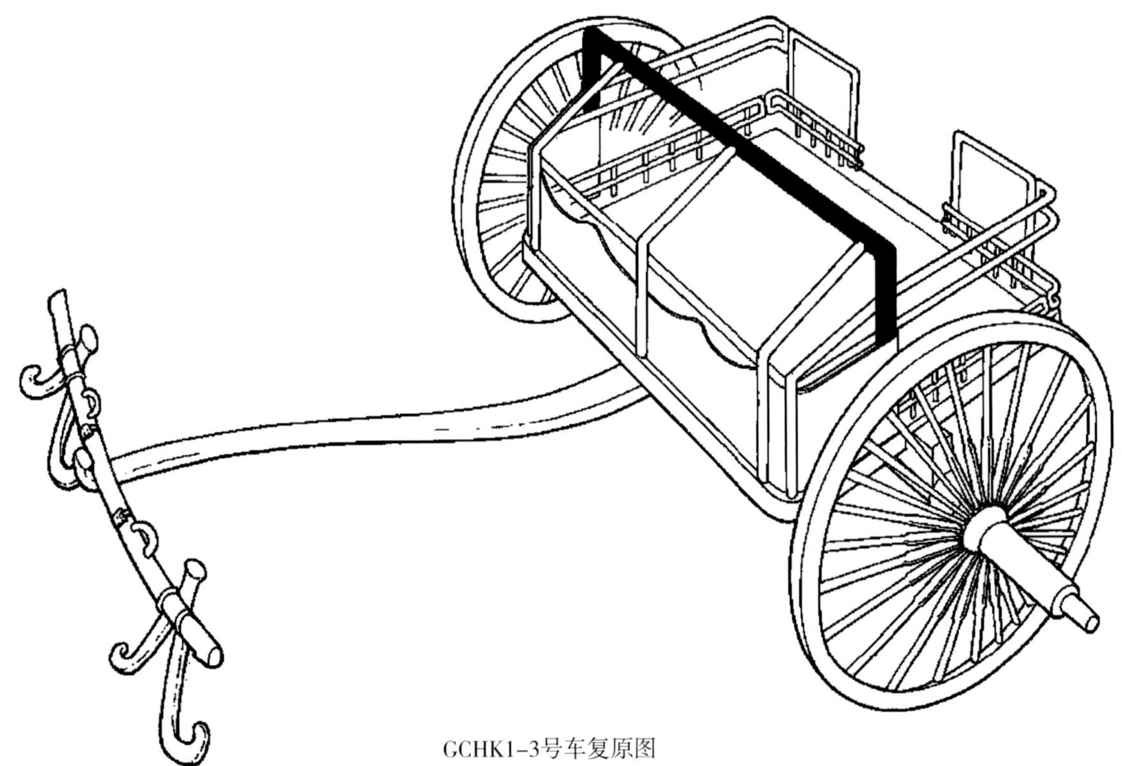

GCHK1-3号车复原图

GCHK1-3号车三维复原

二 出土文物

（一）青铜器

郭家庙墓区出土青铜器的墓葬20座，连同车马坑等出土青铜器共计3416件，分礼乐器、兵器、车马器和杂器四类。礼器组合为鼎、簋、壶、盘、匜，其青铜器类、组合形式、型式演变及纹样风格与西周晚期中原周文化的相同。

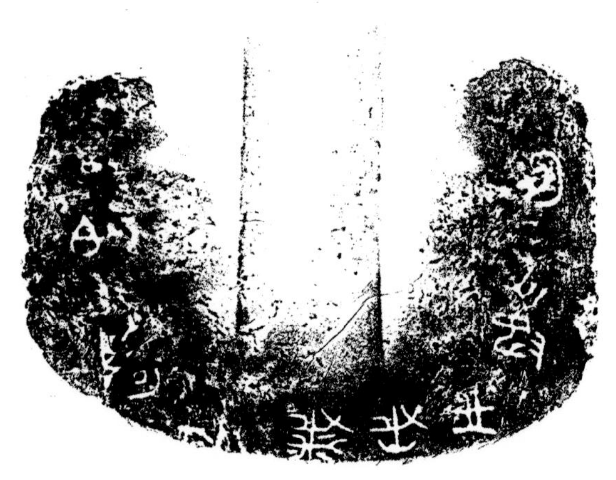
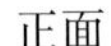

正面

背面

正面

背面

OOI

曾伯陭铜钺

GM21：9
通长19.3、刃宽14.8厘米

器形完整。弧刃，身作卷云状，长骹中空，骹一侧中部有细长方形穿孔。长条形銎，銎横截面为方形，銎内残存木柲。钺体正反两面沿刃部铸有18字铭文，每面9字，逆时针旋读为：

曾白（伯）陭铸戚戉（钺），用为民（正面）

𠛬（刑），非歷殹井（刑），用为民政（背面）

链接资料

曾伯陭铜壶原为清宫旧藏，著录颇多。器形完整，制作精美。长颈圆腹，口微侈，圈足外撇，颈部设一对衔环兽首耳，盖有子口，捉手呈八莲瓣形，镂空环带纹。器有纹饰五周，颈饰环带纹和“S”形云纹，腹饰两道环带纹，圈足饰垂鳞纹,均无地纹。

铭文铸在器盖及颈部内侧，盖、器同铭，各41（其中重文2）字（《殷周金文集成》9712）。其铭曰：

> 隹（唯）曾白（伯）陭廼用吉金鐈鋚，用自乍（作）醴壶，用飨宾客，为德无叚（瑕），用孝用亯（享），用锡眉寿，子子孙孙，永受大福无疆。

铭文中出现的曾伯陭与GM21出土钺铭中的曾伯陭显然应该是同一人。

GM21严重被盗，出土器物年代特征不甚明确，而曾伯陭壶是判定GM21年代的重要标志物。该器纹饰特征与京山苏家垅出土曾仲游父方壶相同，是两周之际及前后颇为流行的一种造型。

曾仲游父铜壶
京山苏家垅出土

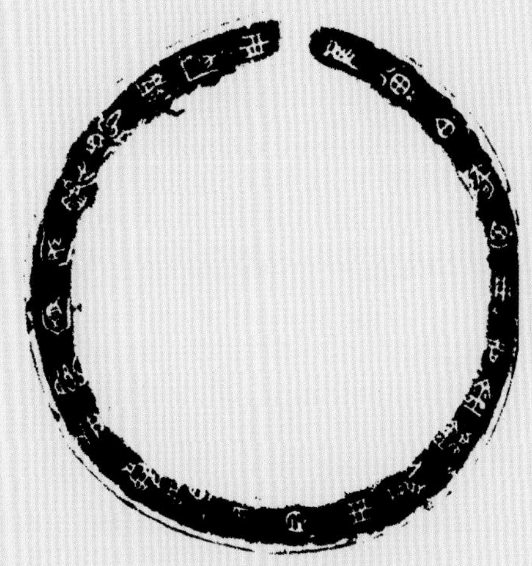

曾伯陭铜壶盖铭文

曾伯陭铜壶
台北故宫博物院

曾伯陭铜壶盖铭文

曾伯陭铜壶器铭文

002
铜编铃

GM21：39～45
下宽7.6～11.6、短径5.8～8.4
舌长6.4～11.8、通高11.2～19.8厘米

出土于椁室内西北角，形制基本相同，大小相次，应该属于一组。铃器形完整，但锈蚀严重。铃呈合瓦形，立面呈上窄下宽的梯形，平顶，中间有圆形穿孔，顶上方有半圆形环状纽。铃下部敞口，口缘上弧，有内折沿和直口两种。多数铃腔内悬挂有槌状铃舌。器表正背面各饰两组相同的细阳线无目窃曲纹或兽面纹。正面或两面上方中部有长方形穿孔，应是泥芯撑之痕迹。内壁两侧近缘口部有二至三个半椭圆形音柱。

两周之际以后不少高级别墓葬出土编铃，件数在九、七、五件不等。GM21出土编铃七件，显示其较高的社会等级。

同时期的晋侯墓地M93的墓底长6.4、宽5.4米，南北二墓道，葬具为一椁二棺，一般认为墓主人是春秋初年的晋文侯。虢国墓地M2001墓底长5.4、宽3.7米，墓主虢季也是一代国君。GM21的规模与它们相当。结合墓葬出土铜钺及编铃来看，GM21应为一代曾侯。

GM21：43　GM21：44　GM21：42　GM21：45　GM21：40　GM21：41　GM21：39

GM21 : 43

003
曾亘嫚铜鼎

GM17：1、2
口径28.4～31.8、通高24.8～26厘米

敞口，宽仰折沿，方唇，上腹直壁，下腹弧内收，圜底，蹄足，足中段较细，断面呈“C”形，足端显薄而宽大。口沿下对称置两长方形耳，耳与口沿之间连以细小横梁。口沿下饰一周窃曲纹，再下为一周凸弦纹，耳内外侧各饰一组有珠重环纹。两鼎腹内壁铸有相同的铭文三行13字：

曾亘嫚非录
为尔
行器尔永祜福

嫚即曼，为邓国之姓。亘可读为桓，曾亘曼是嫁到曾国的邓女，随夫君之谥为亘。“非录”即“不录（禄）”，《礼记·曲礼下》：“天子曰崩，诸侯曰薨，大夫曰卒，士曰不禄。”不录（禄）是对死亡的讳称，意谓不终其禄。铭文中两个“尔”都是指曾亘嫚，因此这是他人为死者曾亘嫚作器。该墓还存鼎足一件，形制、纹饰与这两鼎相同。三件鼎大小相次，应属一套。

GM17：2

GM17：1

GM17：1耳外侧纹饰

GM17：1沿下纹饰

GM17：1内壁铭文

GM17：2内壁铭文

004
曾孟嬴削铜簠

GM1：06
口长28、宽23.4、复原通高18厘米

原来可能有相同的一对，今仅存一件之器身，破损严重，已修复。长方形，矮直口，平折沿，方唇，腹壁斜直内收，平底，方圈足。腹部两侧有一对半圆形耳，圈足四面中部各有一长方形豁口。腹壁四面饰长鼻连体龙纹，双耳饰龙首纹，圈足饰垂鳞纹。内底铸有铭文三行12字：

曾孟嬴削
自乍（作）行匿（簠）
则永祜福

此器当是嫁到曾国的嬴姓长女为自己所作之器。黄国为嬴姓，两周之际与曾关系密切。随州均川、京山苏家垅都出土过黄女适曾的媵器。

内底铭文

簠身立面　　簠身侧面

005
龙纹铜壶

GM17：4、5
口径14、圈足底径21.2、通高40.4厘米

两件形制、大小、纹饰均相同。盖平顶，折肩，斜直壁，深子口，方唇，盖顶有一周莲花瓣形外展状的高冠，盖冠每瓣中下有一长方形镂孔。壶身敞口，内折沿，束颈，斜溜肩，鼓腹略下垂，大平底，高圈足，足底沿内折。沿内有八个菱形加强筋。壶颈部附一对成半圆环状的龙首衔环耳，龙首长颈，顶上有角，前额外凸，圆形目，高卷鼻，角前端分叉，正面饰兽面纹。盖冠外侧饰环带纹，盖缘面饰一周横“C”形窃曲纹。壶身颈部饰一周卷云纹，腹部饰四组连体长鼻龙纹，八只龙眼外凸呈乳丁状。圈足饰一周垂鳞纹。

GM17：4

GM17：5

GM17：5附耳

GM17：5腹部纹饰

GM17：5附耳

GM17：4纹饰拓片

1. 盖顶抓手　2. 盖沿　3. 颈部　4、5. 附耳　6. 腹部　7. 圈足

006
重环纹铜鬲

GM17：3
口径19.2、高16.3厘米

敛口，仰折沿较宽，方唇，束颈，斜折肩，弧裆，矮截锥状足，足腔深。一足底可见浇口溢出的铜液。肩上饰一周有珠重环纹。

007
龙纹铜杯

GM17：11
口径8.6、底径5、高7.4厘米

器壁较薄，口、底残缺。敛口，圆唇，鼓腹，凹圜底，一侧有半圆环状鋬。沿下饰一周连体龙纹，腹部饰瓦纹。鋬饰双首合体龙纹，上、下两端龙首分别衔住器体的腹壁。上端龙首为高卷鼻，镂空圆形目，卷角下垂，龙身弯曲呈半圆形，曲肢，四肢及背部的椭圆形鳞纹均镂空，镂空处裸露出红色的芯范土，龙尾上卷，叠压住下端龙身。下端龙首多出两三角形耳，双龙身合为一体。

带鋬杯出土不多，此前仅见于陕西张家坡墓地。这件器物器形独特，更属凤毛麟角。

沿下纹饰

008
龙纹铜器座

GM17：16
底边长24、宽23.6、高22厘米

平面方形，内空，底直口方唇，器身下部为长方体，设一阶梯，上部呈四面坡状，正中有一方形插孔，近銎口处有两个半圆形对穿销孔。两层台面和坡顶的四侧均施以纹饰。两层台座各面的纹饰基本相同，下层台座每面中部为一长方形镂孔，两端饰一组对首龙纹。上层台面每面饰一对勾云纹。坡顶有半浮雕龙纹四个，其中三个龙纹相同，龙尾内卷，另一龙尾外蟠，龙身饰以条纹。

下部

俯视

纹饰

链接资料

黄君孟夫人铜方座器呈盝顶形，上有方形小插座，插座上有对应的小方孔以便加固。小方孔下饰兽体卷曲纹一周，器身斜面饰鳞纹，直面饰兽体卷曲纹，盝顶面有铭文三行11字：

黄子作黄夫人孟姬行器。则永……

黄君孟夫人铜方座
1983年河南光山宝相寺出土

黄君孟夫人铜方座铭文

曾仲邺铜方座

曾仲邺铜方座俯视呈正方形。方座四面由底向上弧形内收，平顶，整体呈穹隆形。平顶中立一中空管状插柱，柱下段为正方形，上段为八棱形，柱内残留朽木。柱中两个对穿的方孔，当为穿插销钉之用。管状柱下段饰浮雕兽面，穹隆方座四面花纹相同，上为一对相向变形凤纹，下为一对背向龙纹。每面中央皆饰圆形涡纹，边框及凤、龙之间以对顶三角纹装饰。方座顶部有阴刻铭文一周8字：

曾中（仲）邺（蓫）君
腫之且（祖）埶

据铭文可知这类器物自名为“祖设”。只是学界对其功能的认识存在差异。多数认为是镇墓兽的底座，也有学者认为是用以观测日影的祖槷。

曾仲邺铜方座
1990年河南淅川和尚岭M2出土

009
铜鸟形首筒帽

GM17：44
杆径3.1、通高28厘米

鸟形首圆筒形杆，銎口圆形，杆中部有两个对穿的方形孔，杆上端封闭，置一鼓形帽，帽腹部有两对上下错置的方形穿孔，帽顶端立一鸟。杆素面，鼓形帽上下各饰一周斜角云纹，鸟为尖喙、昂首、翘尾，双目饰日纹，鸟身饰斜角云纹。

有学者根据共存关系以及山东长清仙人台出土带方座飞鸟立柱，判定该鸟形首筒帽与龙纹方器座当是一器的上下两部分，中间当以木杆连接，并以插销固定。同出4根“Y”形帽形制相同，出土时銎内残存有木柄，可能是插在鸟形首筒帽腹部穿孔中的。

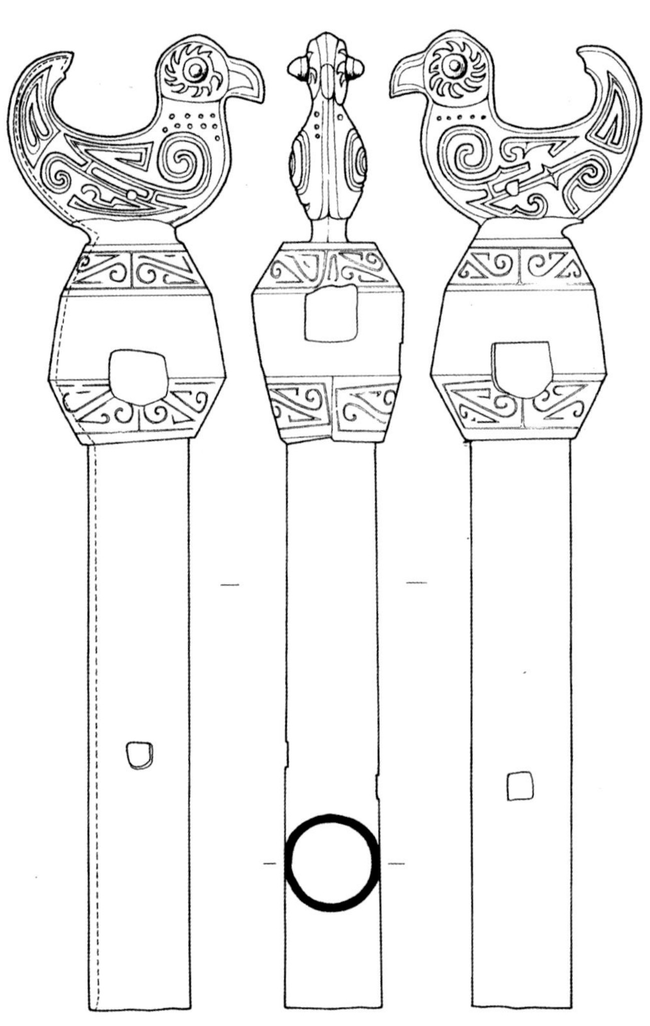

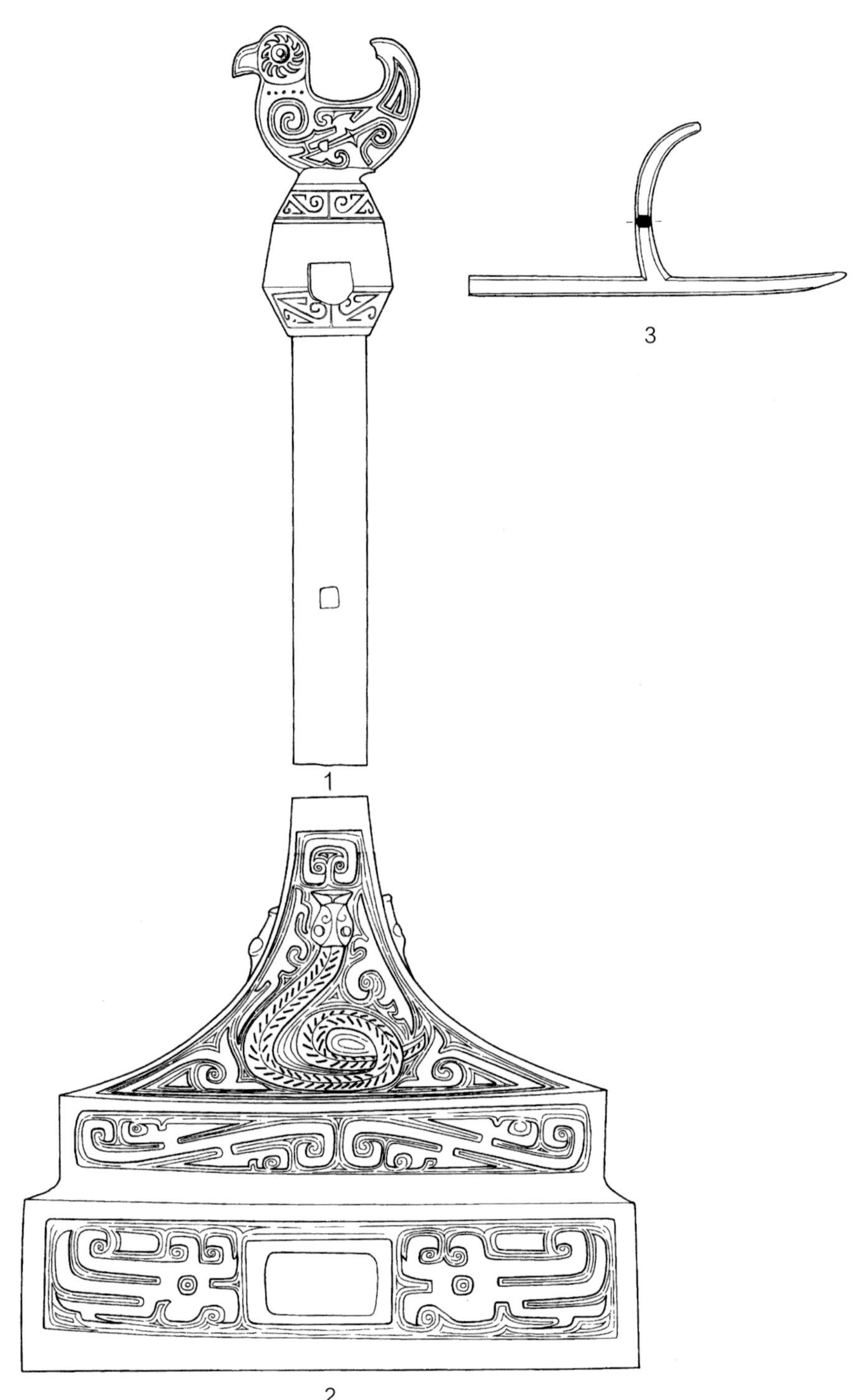

铜筒帽与器座

1.铜鸟形首筒帽（GM17：44） 2.龙纹铜器座（GM17：16） 3.“Y”形筒帽（GM17：27）

铜方座立鸟
1995年山东长青仙人台邿国墓葬出土

邿国墓葬出土的铜方座立鸟盝顶，遍饰兽体卷曲纹和乳丁。底座正中立一圆柱形铜柱，柱上端及中部贯穿两只飞翔的阳鸟。

出土方座器物的淅川和尚岭M2、下寺M1、枣阳郭家庙GM17墓主均为女性，而黄君孟夫人墓出土底座铭文直接表明器物是黄君为夫人孟姬所作。综合上述现象分析，此类器物当为女性常用之物，或为挂陈衣物之具。

〇一〇
蟠螭纹铜匜

GM8：2

口宽15.2、流口宽3.7、通长18.3、通高8厘米

器形完整，俯视平面呈椭圆形，微敛口，圆唇，束颈，斜弧腹内收，平底。一侧设短窄槽流，另一侧设半圆形鋬。颈部饰龙首纹，腹部饰蟠螭纹，肩及下腹部各饰一周绹索纹，鋬上饰浅浮雕龙首纹样。

鋬上部对应的器内壁上有一圆形孔洞。这是铸造时预留的，便于在铸造鋬时在圆孔处形成榫卯结构。可见鋬是后铸的。

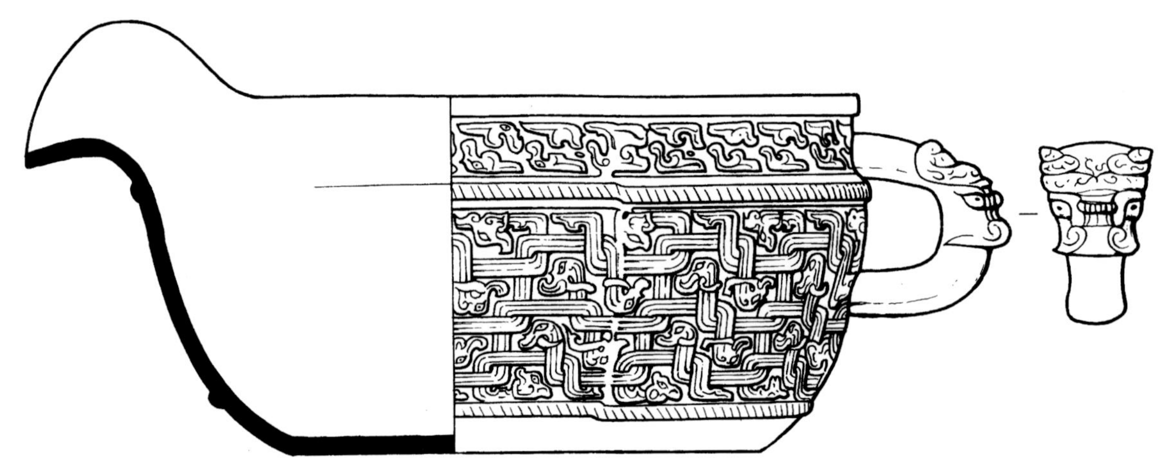

器内壁圆形孔洞（与鋬上部位置对应）

半圆形鋬

鋬上纹饰

腹部纹饰

011

卫伯须铜鼎

GM01：01

口径27、通高26.6厘米

口微敛，仰折沿，方唇，立耳，浅鼓腹，圜底，蹄足。沿下饰窃曲纹，腹部饰连体龙纹，间一道凸弦纹，耳部饰窃曲纹和重环纹。腹内铸铭文三行13字：

卫白（伯）须

用吉金乍（作）

宝鼎，子孙

用之

卫国之器出土于曾国墓地，可见当时两个国家存在交流。

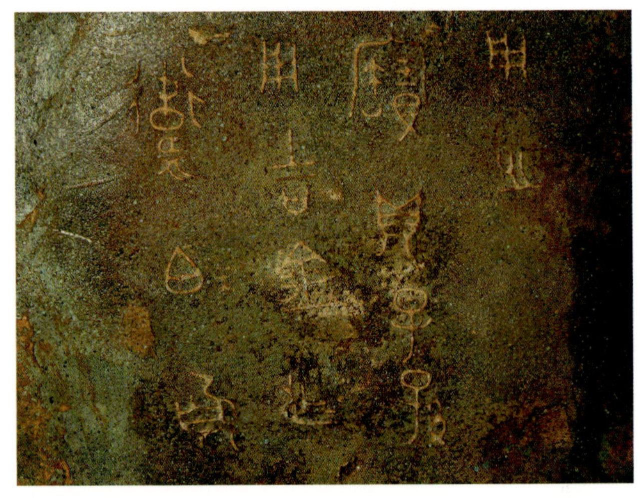

内壁铭文

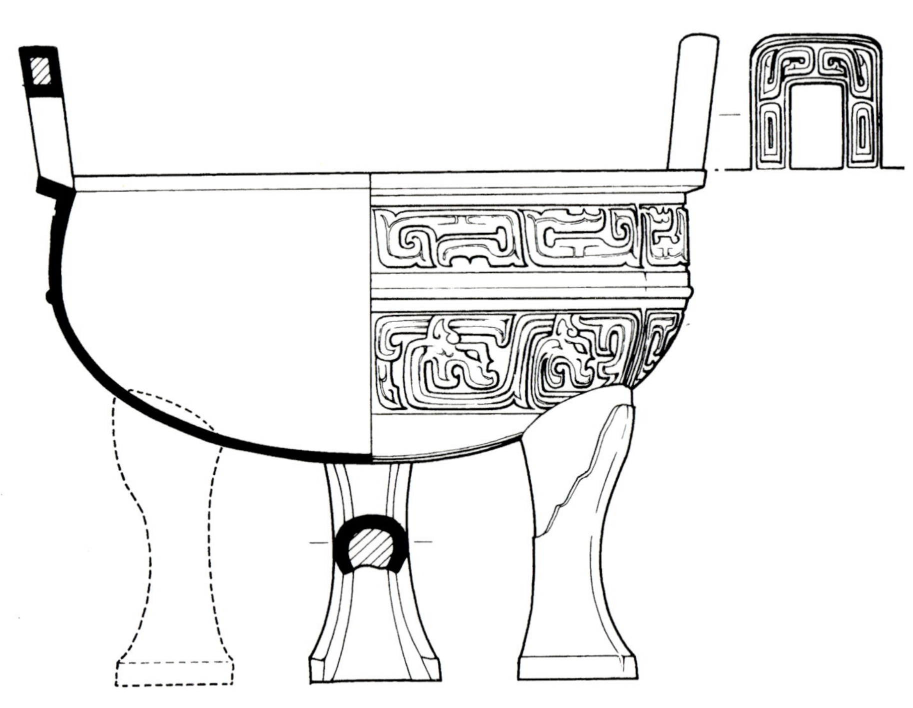

OI2
幻伯隹铜壶

GM1：08、09
GM1：08：口径17、通高47.6厘米
GM1：09：残破

2件，原为相同的一对。壶身椭方体，尖唇，长颈，颈部有对称贯耳，垂腹，平底，高圈足。有盖。盖冠、深子口，盖冠作长方形围栏状。壶身颈部和圈足各饰一周较窄的带状纹。腹部饰三横四纵呈十字交叉状的宽带纹。盖子口外壁和器身颈部内壁铸有内容、行款相同的铭文，每款计五行14字，自右至左为：

幻白隹
乍（作）雍（鴙）宝
壶其万
年子孙
用之

“幻”读为弦，周时为淮水流域小国，地处今河南潢川县西北，与江、黄等国邻近。公元前655年灭于楚。据铭文记载，这对壶应是弦伯为女儿雍出嫁所作的媵器。

GM1：08壶盖铭文

GM1：08壶身铭文

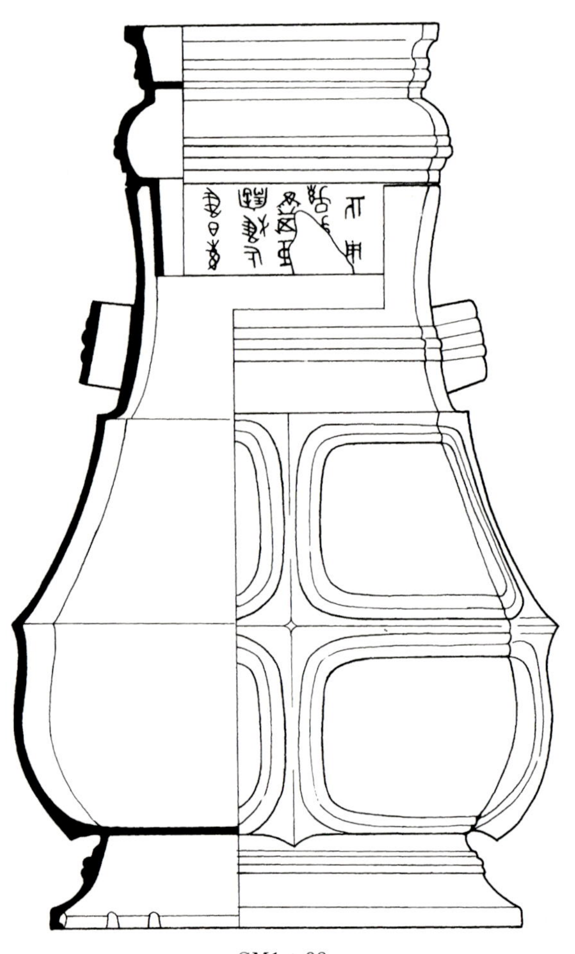
GM1：08

GM1：08

013
窃曲纹铜盘

GM01：02
口径38.6、通高16厘米

侈口，仰折沿，方唇，浅弧腹，附耳，耳中部有两小横梁与口沿相连，平底，圈足，下附三个扁支足。口沿下饰平目窃曲纹，耳饰重环纹，圈足饰垂鳞纹，支足根部饰兽面纹，足尖呈爪形。

支足

014
窃曲纹铜鼎

GM02：01
口径26、通高22.6厘米

器表多蓝色锈，少量灰绿色锈。直口，仰折沿，方唇，弧腹内收，方形附耳，圜底近平，蹄形足，足内侧有竖向凹槽。沿下饰“S”形有目窃曲纹，再下为一道凸弦纹，两耳的内侧与外侧的上部饰“S”形窃曲纹，下部饰重环纹。足、耳浑铸，长方形附耳与器口有圆梗相连。

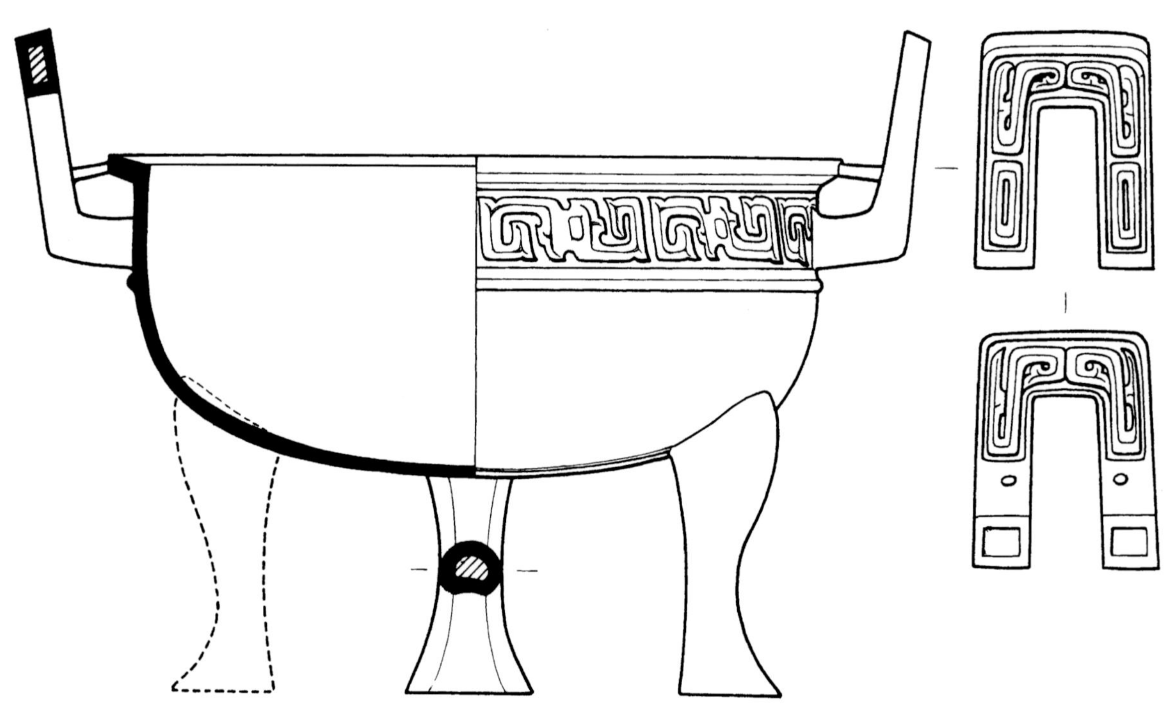

沿下纹饰

附耳

附耳

蹄形足

015
龙纹铜𨱎

GM02：04、05
GM02：04：口径16、底径12、高29厘米
GM02：05：口径16、底径12、高29厘米

2件，原为相同的一对。器形完整。侈口，沿外翻，方唇，高束颈，圆折肩，肩上置两半环形兽首耳，弧腹内收，平底。肩、腹分别饰连体龙纹两周。每周龙纹以范为界分为四组。肩部每组龙纹各为四个独体的龙纹，下腹每组龙纹为五个双首共身的龙纹。

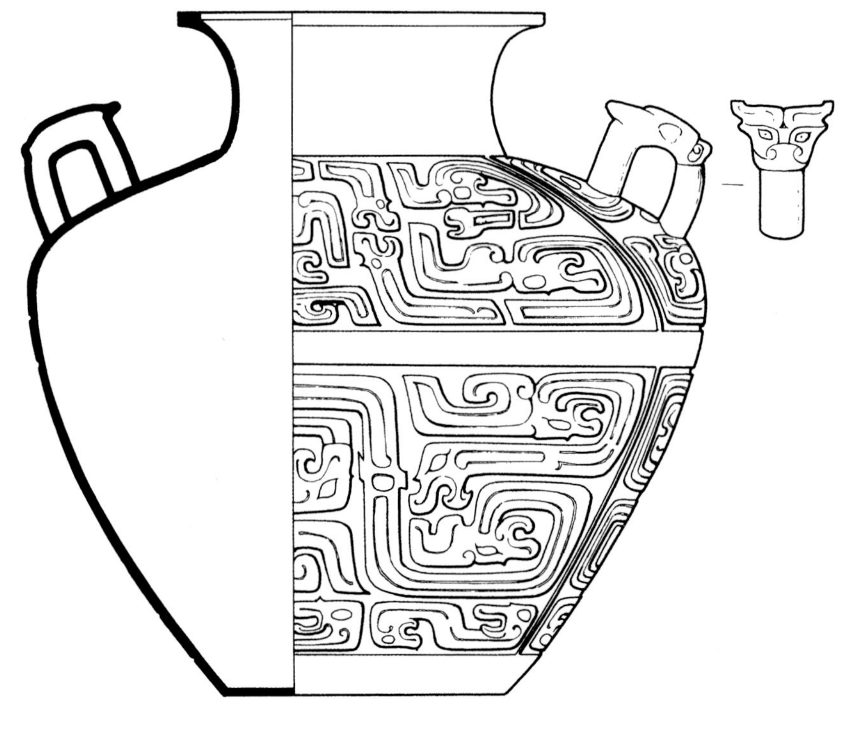

GM02：04

GM02：04

GM02：04肩部

GM02：04腹部

GM02：04兽首耳

GM02：05肩部

GM02：05兽首耳

GM02：05

016
铜轭、衡

GCHK1-1

衡、轭是马车上牵引部分，用于套系乘马。

GCHK1-1衡横置于辀前端上，衡上有对称铜衡末饰、衡内饰（箍）、带扣各2件。带扣当以皮绳绑于衡上，皮绳已朽，其余饰件套在衡上。

轭位于衡内侧近两端处，两木轭上各套有一铜兽面形轭首，轭首顶平面正中有一长方形孔，内有朽木遗痕，其上应套有铜銮。轭軥端皆套有一铜轭足，右轭右肢端轭足脱落错位，其余三轭足均在軥末端。轭肢袑部粗，向軥端渐细，断面呈扁圆形，套入轭足之内。

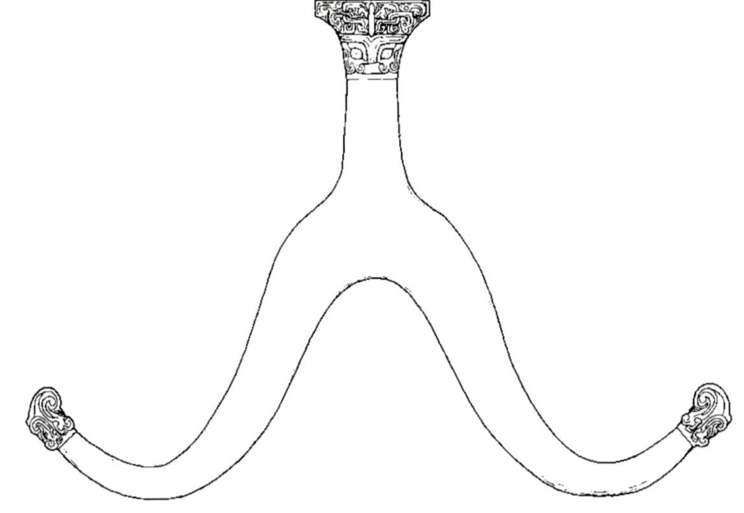

GCHK1-1号车轭复原图

轭、衡出土情况

017
铜轭首

GM21：36-1
高6.4厘米

正面为束腰梯形，顶端平面椭圆形，内空，上下贯通，上端銎口圆角长方形，下端銎口椭圆形。正、背面各饰一组“S”形曲体龙纹。

018
铜軏首

GM21：46-1
通高10.7厘米

束腰梯形，内空。顶端铸有榫头，用以和銮铃座套合，榫头为等腰梯形，上端封闭，下端敞口，中空，内存灰褐色范芯土。榫头下口与軏首顶端的长方形銎口相接，下端銎口椭圆形。正、背面上部饰双龙纹，下部饰兽面纹。

019
铜軏足

GM21：23-6、23-5
銎口长径3.1、短径2.7、高5.5厘米

曲体圆筒状，末端封闭呈外弧状，銎口为椭圆形，器壁较厚。器表铸成双兽首形，圆目，高卷鼻，毛发束于头顶。出土时軏足中还残留有木质軏軥。

GM21：23-6

GM21：23-5

O2O
铜毂饰

GCHK1：16-1～16-5
GCHK1：16-1：长5、直径11、壁厚0.2厘米
GCHK1：16-2：长5、口径11.2～16.2、壁厚0.2厘米
GCHK1：16-3：长5、口径11.2～16.2、壁厚0.2厘米
GCHK1：16-4：长4.8、直径9.4、壁厚0.2厘米
GCHK1：16-5：长4.6、直径9.4、壁厚0.2厘米

毂饰是在木质轮轴车毂部位，起加固和装饰作用。每套毂饰由辖2、軝2、轫1件组成。辖为圆筒状。内辖较粗，外辖较细。軝呈圆台形，里端口大，外端口小。器表均饰方块状蟠螭纹。

GCHK1：16-1

GCHK1：16-2

GCHK1：16-3

GCHK1：16-4

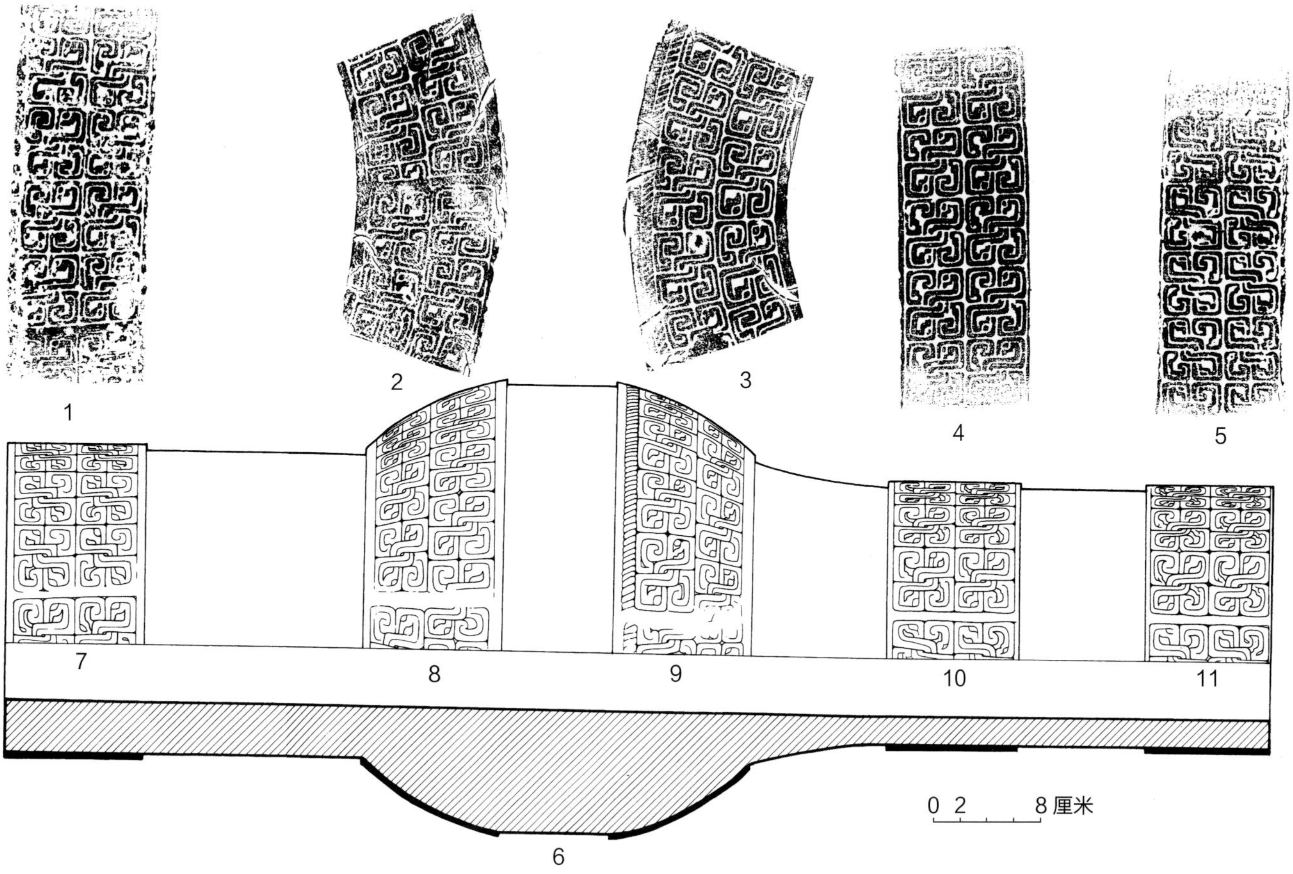

GCHK1-1号车铜毂饰及毂复原图

1、5.輨纹饰拓片（GCHK1：16-1、16-5） 2、3.軧纹饰拓片（GCHK1：16-2、16-3） 4.轫纹饰拓片（GCHK1：16-4） 6.车毂复原图（GCHK1：1号车右毂） 7、11.輨（GCHK1：16-1、16-5） 8、9.軧（GCHK1：16-2、16-3） 10.轫（GCHK1：16-4）

GCHK1：16-5

021
铜衡饰

GCHK1：4
通长4.8、长径4.1、短径3.5、壁厚0.15厘米

扁圆筒状，一端平齐，另一端呈锯齿状。

022
铜镳、衔

镳：GM21：27-39、27-40
衔：GM21：27-5
镳：长10.7、宽1.5、厚0.5厘米
衔：通长21.5、环长径4.8、短径4.5厘米

2件镳与1件衔套在一起，配成一副。衔端环近圆形。镳首端卷曲成圆形，正面略鼓，饰缠龙云纹，侧视龙首在末端，背面内凹。

023
三角形叶窄长铜矛

GM21：2

通长23.6、骹长11.2、叶宽3.8、銎口径2.2厘米

器身狭长，尖锋，双叶呈等腰三角形。

024
柳叶形铜矛

GM21：17-1
通长12.2、骹长4.7、叶宽3.3、銎口径1.7～2厘米

器身较短，呈柳叶形，菱形脊，尖锋与叶刃锐利。圆骹中空，直达前锋，近前端束颈，銎口呈椭圆形。

025
长胡四穿铜戈

GM21：18-1
通长24.2、援长16.8、内长7.4、内宽3.4厘米

等腰三角形锋，直援有脊，长胡。援本上部一穿，胡上三穿，长方形内上一穿，穿均为长条形。内后端呈外弧形，后下角有小缺口。

026
环带纹铜壶

1972年枣阳熊集镇段营出土
襄阳博物馆藏壶：
口径16.4、底径28、通高48.8厘米
枣阳市博物馆藏壶：
口径16.4、高41厘米

壶为一对，一完一残，分藏襄阳博物馆和枣阳市博物馆。以襄阳博物馆藏器物为例，该壶器形完整。侈口长颈，垂腹，圈足。盖呈十二瓣捉手状，壶颈两侧置带衔环的兽首耳。盖顶中部饰一窃曲纹结构的单目蟠龙，周以变形窃曲纹。盖侧饰一周四个窃曲纹，捉手凸弦纹上的莲瓣置侧饰倒垂鳞纹。壶身饰两周环带纹，环带纹均为峰谷对应的四个，下周环带纹内夹有龙纹。两耳之间夹有三周凸弦纹和一周窃曲纹。圈足饰一周较细的环带纹。

壶的双耳是后铸接的。耳根部可见铸接焊料留下的凹孔，并在双耳与器壁的结合部留下凸箍。

壶盖部纹饰（襄阳博物馆藏）

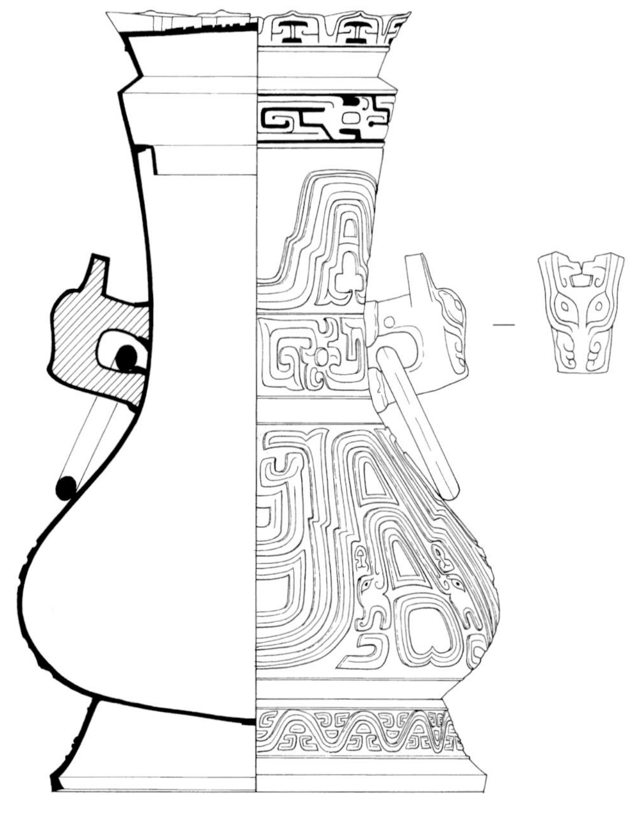

壶（襄阳博物馆藏）

壶（襄阳博物馆藏）

壶兽首耳（襄阳博物馆藏）

壶盖（襄阳博物馆藏）

壶（枣阳市博物馆藏）

027
重环纹铜簋

1972年枣阳熊集镇段营出土
口径18.5、底径21、通高21厘米

器形完整，近圆形。盖带圆形捉手，双龙形耳带珥。龙首凸起双螺旋形角。圈足。纹饰为三周重环纹夹瓦纹的组合。器盖重环纹三组，每组四个；器身重环纹四组，每组两个。簋耳后铸。

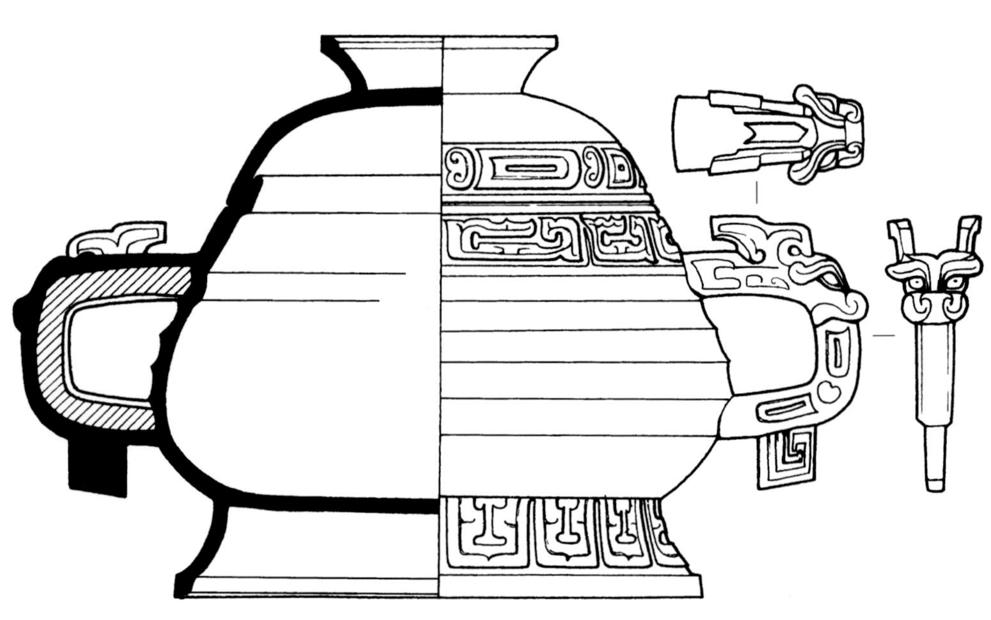

龙形耳

028
蟠龙纹铜盘

1977年枣阳资山王城出土
口径35.5、圈足径25、通高17.5厘米

折沿，浅盘，高圈足外展，附耳。盘底蜷伏一龙，龙首正居盘心，突起于盘面，龙身绕盘底一周，身披鳞甲。盘底龙身绕成的圆圈内满饰窃曲纹与云雷纹组合纹饰。盘内壁龙身以外饰两周窃曲纹和勾连云纹，外腹饰一周斜角云纹和云雷纹组合，圈足饰斜角云纹。附耳扁圆无纹饰。

（二）陶器

郭家庙墓区出土陶器67件，分礼器和日用器两类。凡随葬青铜器之墓，均无陶礼器，只葬日用陶器鬲、盆、罐、豆；凡无青铜礼器之墓，绝大多数随葬陶礼器。

陶器有泥质红陶、泥质灰陶和夹砂红陶、夹砂灰陶四种，陶质疏松，保存很差。多数轮制，器物之耳、足模制或捏制，较大之罐用泥条盘筑制作。纹饰以绳纹、弦纹为主。

029
直口折肩陶罐

GM9：2
口径11、底径13、通高34.8厘米

泥质灰陶，器表灰黑色。直口，束颈，折肩，腹壁斜弧内收，凹底。肩上有六道凹弦纹，肩以下饰绳纹。圆盖顶微隆，顶上有喇叭状握手。

030
侈口折肩陶罐

GM24：2
口径16.8、底径10.8、通高32.6厘米

泥质红陶。有盖，盖壁弧上隆，有喇叭口状握手；器身翻沿，方唇，束颈，折肩突出，肩壁微上弧，折肩以下斜直内收，小平底微凹。颈肩处有一道凸棱，盖上饰两道凹弦纹，肩上饰四道凹弦纹，肩以下饰竖绳纹。

031

附耳陶鼎

GM14：2

口径23.5、通高20.8厘米

泥质红陶，深灰色陶衣。直口，卷折沿，方唇，环形附耳欠规整，大小不一，深腹，腹壁弧内收，圜底，蹄足，三蹄足之间呈不等边三角形，其中一足的位置在两耳间的轴线上。中腹饰一道凸弦纹，凸弦纹以下及足上饰较粗的竖绳纹。

032
贯耳陶壶

GM11：1
口径8.6、圈足径17.2、高34.8厘米

泥质红陶，灰衣。敛口，颈较长，三角形贯耳，圆鼓腹较深，圜底，圈足较矮。圈足上与两耳相对应的位置分别有两个圆形穿孔。素面。

033
立耳陶壶

GM14：4
口径10、圈足径18、通高36.8厘米

泥质红陶，深灰色陶衣。平盖，深子口，盖上有喇叭状握手。壶身侈口，长颈，颈壁微弧，环形立耳，垂腹，平底，浅宽圈足。素面。

034
大口陶鬲

GM9：1
口径28、高19.2厘米

夹砂灰陶，灰黑色器表。侈口，折沿较宽，腹径小于口径，瘪裆，柱足，实足根较高，三足外切圆径小于口径。口沿下附一周绹索纹凸棱，沿以下及足上饰绳纹。

035
大口陶豆

GM8：4
口径18、底径11、高16.4厘米

泥质红陶，灰陶衣大部分脱落。敞口，弧盘，高空柄，微束腰，小喇叭座豆，座沿面向下。素面。

（三）玉器

郭家庙墓区20座墓出土玉器229件，分礼器、佩饰、葬玉和杂器四类，质地有青玉、青白玉、羊脂玉等，一般采用琢磨、雕刻、钻孔等制作。玉器母题、纹饰及造型与中原西周晚期玉器基本一致。

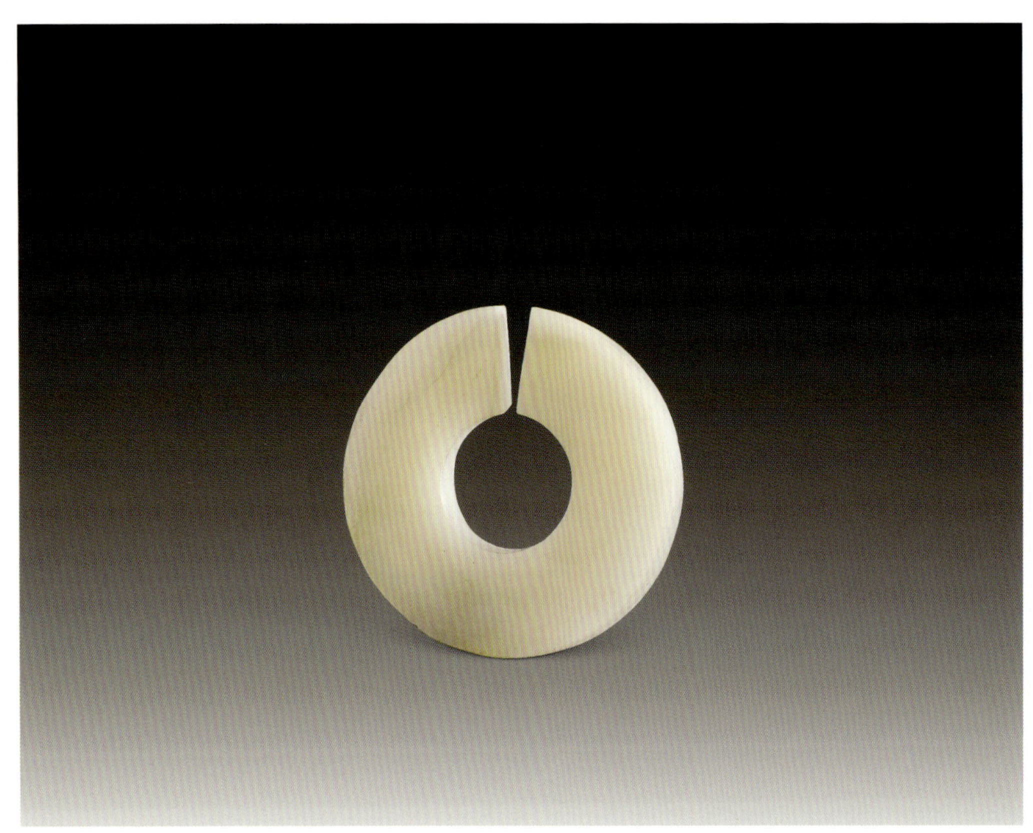

036
素面玉玦

GM22：4
外径2.65、好径1厘米

青白玉。通体素面。玦为配饰，形似环而有缺口，寓君子有决断之意。一般与璜、璧等组合成配饰使用。

037
双龙缠尾玉玦

GM16：1
外径4.8、好径1.8厘米

青玉，半透明。单面阴刻双龙缠尾纹。

038
勾连纹玉玦

GM1：01
外径4.8、好径0.9厘米

青玉，有灰白色沁斑。单面阴刻勾连纹。

039
熊形玉佩

GM17：22
通长4.5、高3.4厘米

青玉。扁平体，熊形，作欲前扑状，躬身，低头，竖耳，曲肢，粗尾内收下垂。

040
龙形玉佩

GM17：23
长3.6、宽3.4厘米

白玉，白色微泛米黄色。龙曲体呈“C”字形。三面阴刻纹饰。

041
龙形玉佩

GM17：18
长7.4、宽1.1厘米

青玉，冰青色。作弧状龙形，身饰龙纹。

042
龙形玉佩

GM17：51
长5.4厘米

青玉，墨绿色。龙身微曲，呈“L”形。双面阴刻纹饰。

043
龙形玉佩

GM17：47
残长7.5、宽3.2厘米

青玉，豆青色。头尾残。龙颈、股、爪部分别有一圆形穿孔。

044
龙形玉佩

GM17：50
长6.7、宽1.3厘米

黄褐色。作弧状龙形，纹饰仅一道弦纹。

045
鱼形玉佩

GM16：5
通长7.6、宽1.9厘米

青玉，局部有黄褐色沁斑。整器作鱼形，扁平体，双面阴刻有鱼嘴、圆形鱼目、鳃、鳍等。

046
羽人形玉佩

GM16：4
通长11.9、宽4.4厘米

青玉，有黄褐色沁。整体呈侧立人形，羽翅高耸，龙首下颌，为龙凤合体。

047

束帛形玉佩

GM12：2-1
长3.6、宽2.2～2.6厘米

青玉，青灰色。扁平体，近长方形，中部微束腰。正面饰束绢纹，背素面。两端各有两个圆形穿孔，均为单面钻，背面有一道切割痕。

048

蝉形玉佩

GM17：58
长3.25、宽2.1厘米

青玉，冰青色。圆雕。头部浅浮雕两圆目，背部有脊棱。

049

龙纹玉佩

GM17：48
长3、宽2.3厘米

白色。扁平体，整器作椭圆形盘龙状，有两圆形穿。单面阴刻龙纹。

050

蹄形卷云纹玉佩

GM16：9
长2.1、宽1.7厘米

玉质米黄色，有灰白色沁斑。扁平体，整器呈马蹄形。正面刻卷云纹，周以双线纹。

051
龙首纹玉管

GM17：24
长1.4、宽0.65、高3厘米

玉质，象牙白色。体扁平，四面阴刻两组龙首纹。

052
玉琀

GM21：10
长2.3、宽1.9厘米

玉质，灰白色，微泛黄色。正面有刻划纹，系旧玉改制。敛玉。

053
双龙纹玉饰

GM23：8
长2.35、宽1.4厘米

青玉，豆青色。扁平体，长方形。单面阴刻双龙纹。

郭家庙墓地曹门湾墓区2014年发掘区鸟瞰

第二单元

曹门湾墓区

曹门湾墓区位于郭家庙墓地的西南部，1972、1983年曾在此零星发现曾国青铜器。2014年经国家文物局批准对墓区进行科学发掘。

墓区以岗地最高处、规模最大的M1和陪葬的大型车坑、马坑为中心，其他中小型墓葬分布于M1的西、南两侧。墓葬均为岩土坑墓，墓向朝东。夫人墓M2在M1的东南边，规模略小。

墓内出土的青铜器、玉器、陶器等与郭家庙墓区出土器物作风相近，时代不出两周之际至春秋早期。综合有关新出土信息，推测M1为曾国国君级别的墓葬，墓主可能为曾侯絴伯。因此该墓区或是曾国君主曾侯絴伯的家族墓地。

一 发掘概况

本次发掘中、小型墓葬28座，有竖穴土坑与竖穴岩坑两种形制，绝大多数墓葬为东西向。个别中型墓葬带有车马坑，小型墓葬带有壁龛。葬具多为一棺一椁，个别为单棺。青铜礼器和陶器多放置在椁室东侧，兵器、车马器放置在棺外椁内的南北两侧。

郭家庙墓地曹门湾墓区2014年发掘区

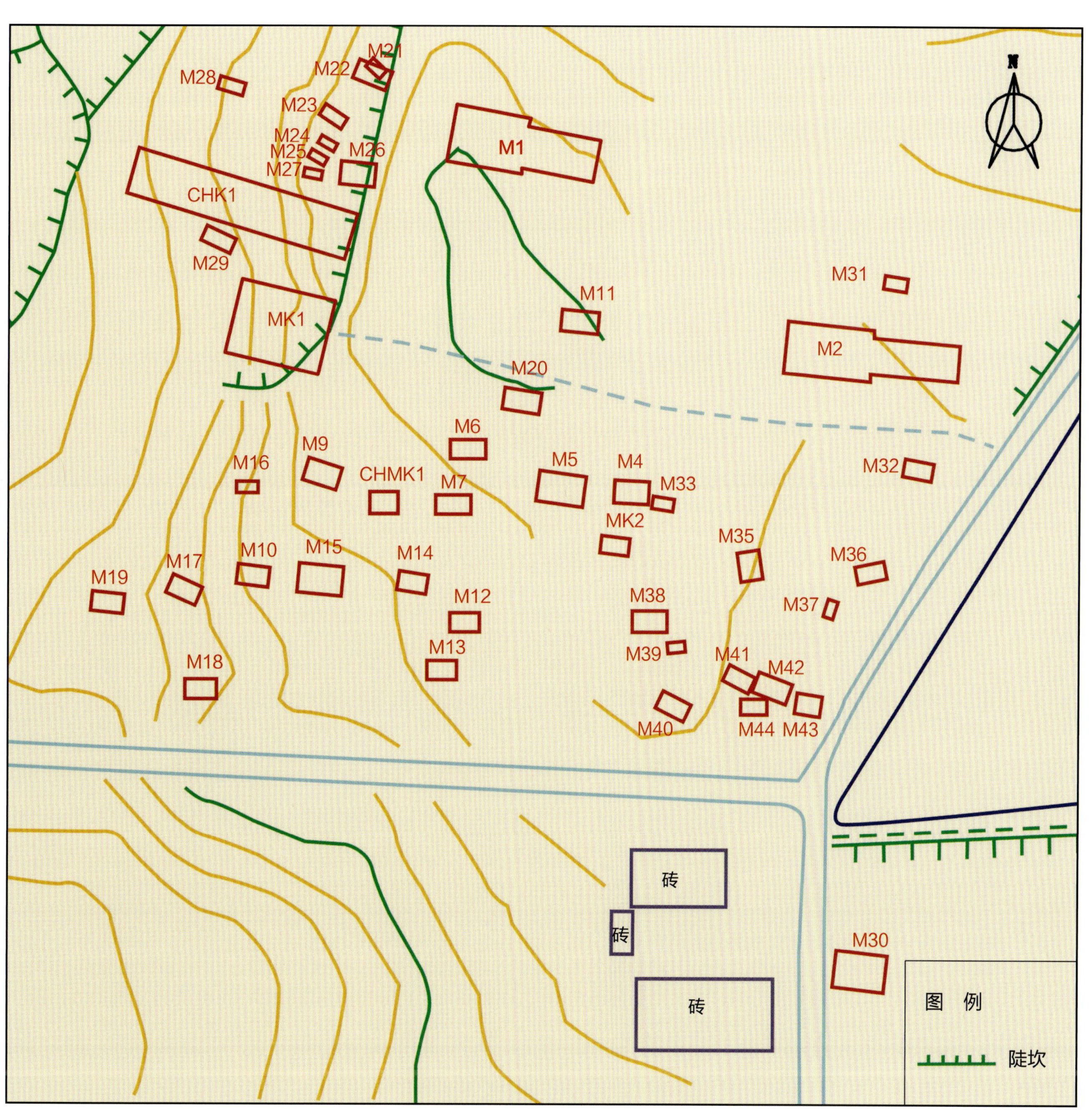

曹门湾墓区墓葬及车马坑分布图

根据最新勘探发掘成果绘制

1. M10

一椁一棺。出土器物16件，其中铜鼎1件、铜腰饰7件、车軎、镳衔各一套。

M10墓坑

M10铜鼎出土情况

M10铜车马器出土情况

2. M13

一椁一棺。出土器物17件（套），其中铜鼎1件、铜矛1件、铜戈2件、车軎一套、镳衔一套、铜镞若干。

M13墓坑

M13铜车马器出土情况

M13铜鼎出土情况

3. M22

岩坑墓，一椁一棺。出土器物11件，其中铜鼎1、簠2、盘1、匜1件。

M22墓坑

M22铜礼器出土情况

M22出土铜礼器（1鼎、2簠、1盘、1匜）

4．M9

一椁一棺，东南附葬一车马坑，被盗扰。出土器物11件，其中车軎两套、带镳马衔两套、镞若干、玉玦1件。

M9墓坑

M9附葬车马坑CHMK1

5. M18

一椁一棺。出土器物9件，其中陶鼎1、陶壶2、漆豆1、青铜戈2、马衔一套。

M18墓坑

M18器物出土情况

6. M23

一椁一棺。椁室东侧出土铜鼎1、陶豆1、陶罐1件。

M23棺椁

M23铜鼎出土情况

7. M27

单棺墓，带侧龛。出土器物共10件，陶器放置在侧龛中，有陶罐4、豆1、壶1件，墓主头部发现1件铜节约和2件玉玦。

M27棺椁及器物出土情况

二 出土文物

（一）青铜器

曹门湾墓区出土744余件（套），分礼乐器、兵器、车马器、杂器四类。其中小型墓葬为鼎、簠组合，一般一墓一鼎。

054
郘君鲜铜鼎

M22出土
口径30.4、通高24.5厘米

敞口，弧腹，附耳，蹄足，一道凸弦纹将腹部分为上下两个单元：上腹饰一周窃曲纹，下腹饰两周垂鳞纹；鼎耳饰重环纹。足、耳浑铸。长方形附耳与器口有圆梗相连，足壁内侧有红色芯范露出。

鼎内壁铸有铭文24字：

郘君鲜乍（作）其
鼎，其萬年无
疆，子孙永用
之，其或隹□
则明□之

郘，疑读为祢，地名。《诗·邶风·泉水》：“出宿于泲，饮饯于祢。”毛传：“祢，地名。”故地在今山东菏泽县西。

内壁铭文

底部

055
曾子泽铜鼎

M10出土
口径24.3、通高20.2厘米

侈口，蹄足，弧腹，附耳。一道凸弦纹将腹部分为上下两个单元：上腹饰一周窃曲纹，下腹光素无纹；鼎耳饰两道弦纹。

鼎内壁有铭文11字：

曾子□（泽）自乍（作）
行器，其永用之

内壁铭文

底部

056
曾子寿铜鼎

M13出土
口径25.2、通高21.8厘米

侈口，蹄足，弧腹，附耳。一道凸弦纹将腹部分为上下两个单元：上腹饰一周窃曲纹，下腹饰两周垂鳞纹。足、耳浑铸。长方形附耳与器口有圆梗相连，足壁内侧有红色芯范露出。

鼎内壁有铭文11字：

曾子寿自乍（作）
行器则永祜福

内壁铭文

057
旁伯铜盘

M22出土
口径39.3、通高13.2厘米

折沿，浅腹，平底，三足，附耳。上腹部饰斜角龙纹，下腹部饰垂鳞纹，盘耳饰重环纹。

盘内底有铭文21字：

隹旁伯贝懋自
用，其万年子
孙永宝盘，自
作宝，永用享

旁伯，疑为房国之君。《国语·周语》：“昔昭王娶于房，曰房后。”

内底铭文

底部

058
龙纹铜簠

M22出土
口沿长29.2、宽22.3、通高19厘米

底、盖同形。长方形，敞口，窄平折沿，斜腹，平底，有四蹼形足，两侧腹壁外有对称的两对兽首半环形耳。口沿下饰一周兽体卷曲纹，腹壁四周饰对称曲体龙纹，器盖顶、足上均饰龙纹。

盖上纹饰

059
龙纹铜匜

M22出土
流口宽5.2、通高17.6厘米

器口呈瓢形。前流后鋬，四兽首形足。鋬作一卷尾龙形。口沿外侧饰一周双首卷体龙纹。腹部饰瓦纹。

流部

060
铜腰饰

M10出土
三角带饰：底边长5、斜边长5.2厘米
环形带饰：直径4.8厘米

本件由5个环形带饰和1个三角形带饰组成，或固定在革带上使用。三角形带饰饰双身龙纹。环形带饰饰有首尾相连两条龙纹。

类似的扣饰曾见于曲沃羊舌晋侯墓地、韩城梁带村芮国墓地、三门峡虢国墓地，这也为墓地年代的判断提供了旁证。

061
龙纹铜鼎

1972年曹门湾墓区出土
口径22.8、通高23厘米

发掘报告称出土有两件，今仅见一件。立耳深腹圜底，三足较瘦而略长，腹部凸弦纹上下各饰一周纹饰。双耳外侧各饰两条相对的龙纹。鼎腹两周龙纹为窃曲纹与龙纹的组合，每周三组，每组四个。

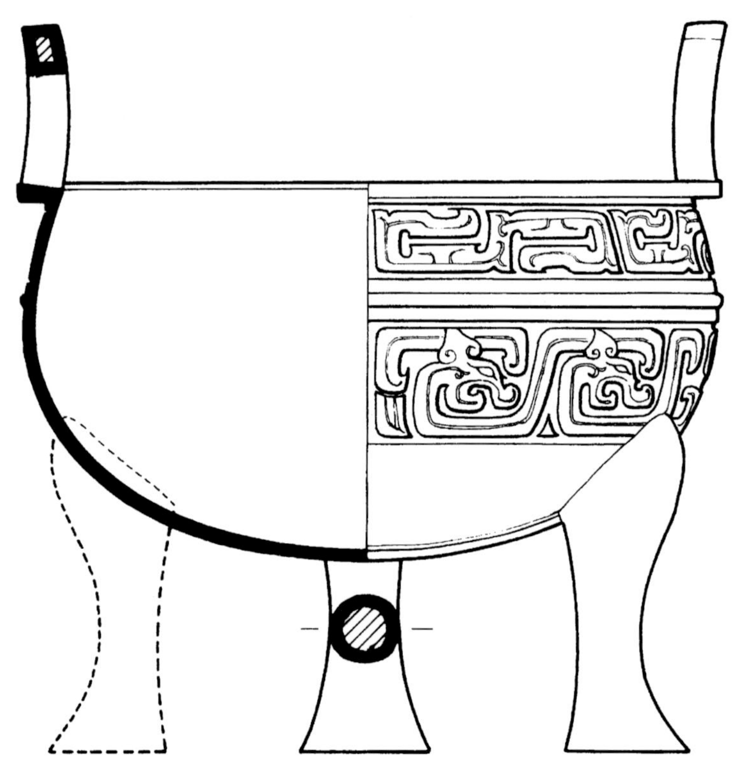

立耳

蹄形足

062
窃曲纹铜簋

1983年曹门湾墓区出土
口径13.5、通高20厘米

器形完整，近圆形。盖带圆形捉手，双兽首耳带珥。圈足。器盖饰四组八个重环纹，器口饰一周四组八个窃曲纹，器身饰瓦纹，圈足饰垂鳞纹。簋耳后铸。

盖部纹饰

簋

腹部纹饰

兽首耳

（二）乐器

曹门湾墓区M1早年被盗，仍出土文物700余件，其中以音乐文物最具特色。乐器有钟、磬、建鼓、瑟等。研究表明，M1残存的钟架、磬架构成体现诸侯身份的“轩悬”（三面悬挂乐器）之制，证实了墓主的国君身份，它们与同墓出土的漆木瑟、建鼓等都是迄今发现的最早实物。

M1音乐文物出土现场

063
编钟木架、编磬木架

M1出土

清理复原的曲尺形编钟笱虡，说明当年下葬的时候随葬有编钟。编磬笱虡及清理出的石磬一定是与编钟存在组合关系。

M1编钟木架、编磬木架出土情况（M1椁室北部）

M1编磬出土情况

羽人立柱

M1编钟木架、编磬木架凤鸟形底座（跗）出土情况

M1编磬木架凤鸟形底座（跗）（清理后，M1椁室北部出土）

M1编钟木架横梁出土情况

M1编磬木架横梁纹饰

《周礼·考工记·梓人》说“赢者羽者鳞者，以为筍虡。……小虫之属，以为雕琢。”M1出土编钟、编磬立柱圆雕了人凤合体的羽人形象，并以龙首穿插其间。横梁满饰龙纹，这种装饰风格与上述记载相合。

M1编钟木架横梁局部图

M1编钟木架横梁纹饰

曲尺形编钟架和单面编磬架组合而成轩悬规制，符合诸侯身份。《周礼·春官·小胥》：“正乐县之位，王宫县，诸侯轩县。”郑玄注：“郑司农云：‘宫县，四面县。轩县，去其一面……’玄谓轩县去南面辟王也。”

M1编钟架复原

M1编磬架复原

064
建鼓

M1出土
木柱长约3.31米

木柱彩绘蟠龙纹饰，中段有一圈凸起用于承鼓。

建鼓因鼓之贯柱而得名。基本形制是有一敦形鼓座，鼓座上插一圆形的楹杆，楹杆从鼓桶正中穿过，两侧的鼓面可以同时对敲。建鼓屡见于战国秦汉青铜器纹饰和石刻画像，较为完整的实物仅见于曾侯乙墓。

木立柱（楹）局部

建鼓木立柱（楹）出土情况（M1椁室北部）

木立柱（楹）　　建鼓复原

065
漆木瑟

M1出土

M1出土两件最早的瑟，均保存不佳，但瑟尾较全，均无岳山，其中一件发现6枚瑟码，瑟弦孔清晰可辨，为3枘17弦，残长1.2、宽0.22米，出土时面板朝下，淤泥中残留的弦痕清晰。与春秋中晚期的赵巷4号楚墓、曹家岗5号楚墓相比，应为瑟的早期形态。

木瑟（M1椁室北部）出土情况

木瑟码

木瑟

066
铜编铃

M1出土
铣间8～8.2、高11～12.4厘米

形制基本相同，大小相次，应该属于一组。铃器形完整，呈合瓦形，立面呈上窄下宽的梯形，平顶，中间有圆形穿孔，顶上方有半圆形环状纽。铃下部敞口，口缘上弧，铃腔内悬挂有槌状铃舌。器表正背面各饰两组相同的细阳线无目窃曲纹，正面或两面上方中部有长方形穿孔。

M1铜编铃出土情况

（三）玉器

曹门湾墓区出土玉器初步整理有93件（组），亦为礼器、佩饰、葬玉和杂器四类，质地有青玉、青白玉、羊脂玉等，玉器母题、纹饰及造型与中原西周晚期玉器基本一致。其中玉腰带饰在湖北是首次发现。

M1椁室东部玉器出土情况

067
兽面玉佩

M1出土
长4、宽6.9厘米

青白玉。整件雕成兽面。上半部分由背向对凤构成兽角，下半部分兽面以阴线刻画眉、眼、鼻、耳。

068
人形玉佩

M1出土
长5.8厘米

白玉。为蹲踞的侧面人像。圆目，大耳，高鼻，长发，发上卷成穿孔。胸腹饰一龙，龙卷鼻，蜷体。

069
凤纹玉饰

M1出土
长12.5、宽2.5～3厘米

白玉。由两组四凤构成方形，每组两凤首尾相连构成“S”形。凤身阴刻眼、喙、羽等纹饰。整件有四处镂空，以突出凤形。

070
虎形玉饰

M1出土
均长5厘米

2件。青玉。虎作匍匐状，圆目，张嘴，尾上卷，腿前伸。器身阴刻斑纹。虎嘴、颈和髋部各有一孔。

071
虎形玉饰

M1出土
长7.5、宽1.8厘米

青玉。虎身躬曲，张嘴，尾后卷。器身阴刻斑纹和毛发。虎腹部、胸部与嘴部、尾部各有一孔。

072
虎形玉饰

M1出土
长7厘米

白玉。虎作匍匐状，张嘴，尾上卷，腿前伸。器身阴刻卷云纹。虎嘴部、腹部和尾部各有一孔。

073
方形玉饰

M1出土
长3.5、宽3厘米

青白玉。方形，器表饰卷云纹，中部镂空，或为带饰。

074
蝉形玉饰

M1出土

青玉。器表饰简化蝉纹。

075
凤纹玉饰

M1出土
长2.2、宽1.6厘米

白玉。椭圆形，中部有一孔。器表两侧阴刻团凤纹。凤尖喙，圆目，凤身蜷曲。

076
三角玉带饰

M1出土
斜边长8、底边长5厘米

白玉。呈三角体，中部隆起，斜边各有一穿孔。器身以阴线刻划蝉纹。

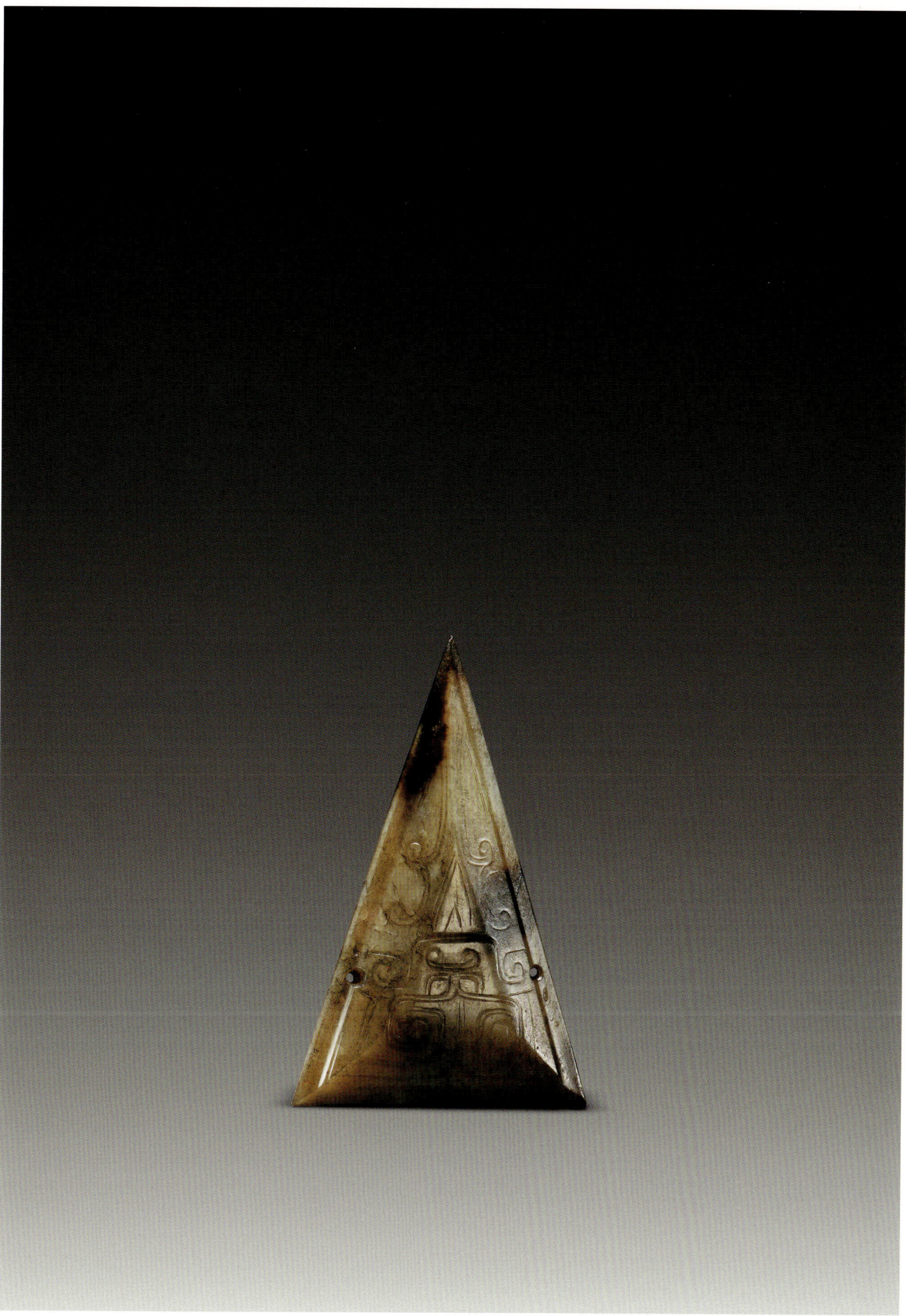

077
兽面玉饰

M1出土
长3.7、宽3.4厘米

白玉。上部阴刻对龙为角，下部阴刻眉、眼、鼻、须。眉额间有二穿孔。

078
兽面玉饰

M1出土
长3.2、宽2.9厘米

白玉。上部阴刻兽角，下部阴刻眉、眼、鼻、须。眉间及下左须各有一穿孔。

079
兽面玉饰

M1出土
长2.3、宽2.1厘米

白玉。雕成兽面，眉间有穿孔，角、眉、眼、鼻均浮雕而成。额上阴刻竖纹。

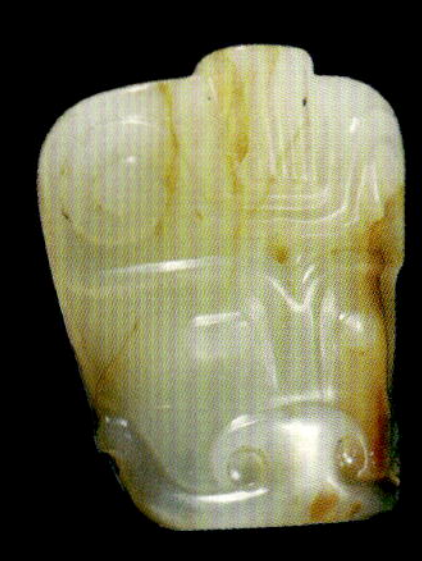

080
兽面玉饰

M1出土
长2.9、宽3厘米

白玉。整体为一兽面。上部阴刻凤鸟构成兽角，下部阴线眉、眼、鼻，两角、眉间各有一穿孔。

081
玉饰

M1出土
边长1.7厘米

青玉。中部有穿孔，四边有刻痕，或为玉组佩中的饰件。

082
束帛形玉饰

M1出土
长3.1、宽2厘米

白玉，局部有沁。中部雕刻三道弦纹，呈束帛形。类似玉饰在西周贵族墓葬中常见。

083
鱼形玉饰

M1出土
长2.2、宽1.6厘米

青玉。通体磨光。鱼背部呈弧形，尾部下垂，吻端平齐。用阴线在两面均刻划出眼、鳃、背鳍和腹鳍。鱼吻部有一穿孔。

084
龙形玉饰

M1出土
长2、宽1.4厘米

白玉。阴刻双首龙纹。龙圆目，卷鼻，回首。中部有一穿孔。

085
龙形玉饰

M28出土
长约6.2厘米

青玉。一端龙首颈部平滑，一端雕出棘状，似未完成之器。

086
玉管

M1出土
长1.9、直径1.4厘米

白玉。管状，器表饰三周双线弦纹。

087
玛瑙串饰

M1出土
直径0.5～1.1厘米

玛瑙为玉组佩中的组件。

第三单元

穆穆曾侯

“穆穆”有恭敬之意。“穆穆曾侯”铭文见于2011年随州义地岗M4出土编钟。

曾国位于汉水以东，考古发现，曾国乃周初重臣南宫适（括）之封国，也就是文献记载的姬姓随国。曾侯乙墓发现后，曾、随关系成谜。2009、2013年随州文峰塔、叶家山墓地的发现，证实曾国是周贵族南公适（括）之后，多重证据直指曾即随，并为学术界所共识。郭家庙墓地多件与方国有关的青铜器、大量兵器、车马器的出土和春秋最大车坑的发现，证实早期的曾国是文化发达、军事强势、技术先进的姬姓大国。

春秋战国之际，曾国国势达到顶峰，范围及于今天湖北、河南一部。与楚国在汉水中游有多次直接交锋。曾国在发展过程中与楚、邓、黄、弦等方国交往密切，周人制度和文化由之传播于江汉地区。

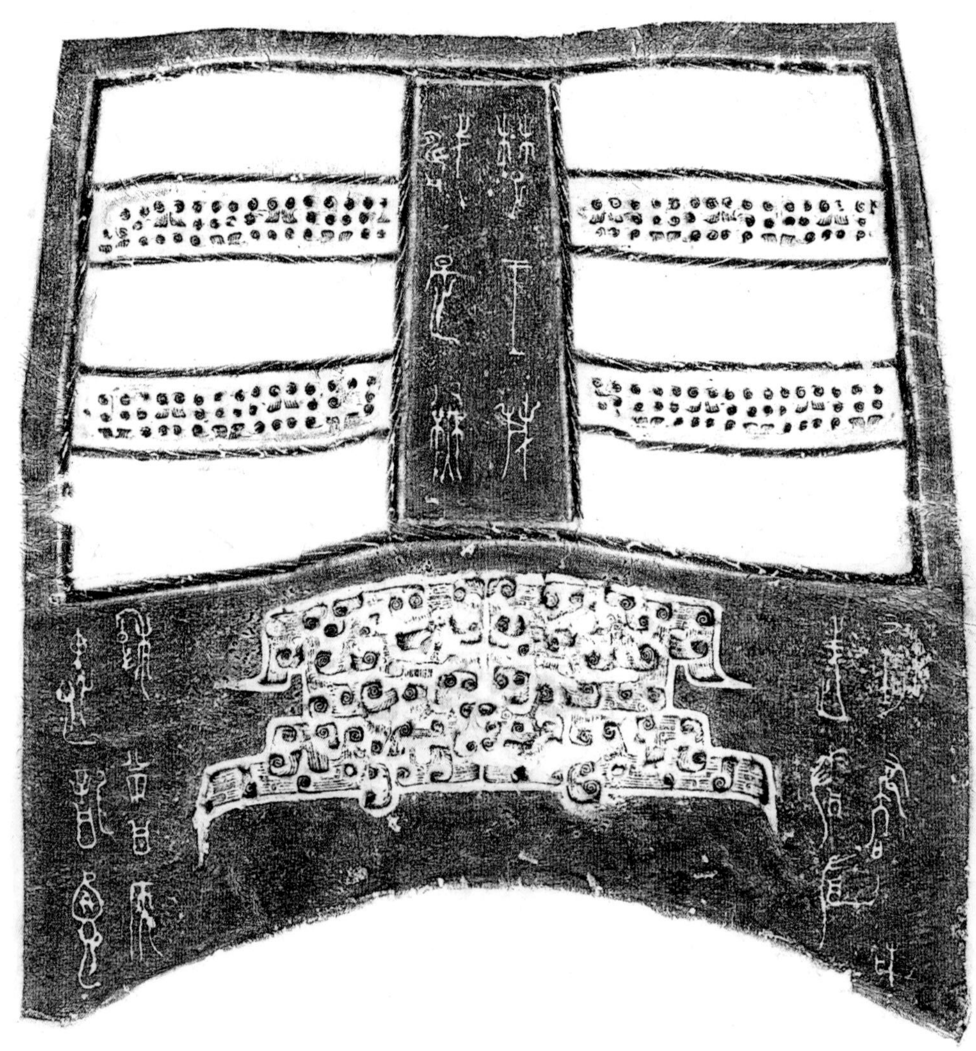

义地岗M4出土编钟（拓片）

（一）M1曾侯墓

M1为长方形竖穴岩坑墓。墓室长11、宽8.5、深8米，墓道同宽，长10米。一椁重棺。历史上多次被盗扰。椁室内无分室，北面摆放礼乐器，南面兵器，东面青铜礼器及漆木器（均被盗走），西北角和东南角为车马器。出土文物总数达700余件（套），音乐遗物尤其丰富，其中瑟、编钟架、编磬架、建鼓均为最早。棺内出土两件含金量为87％的金箔虎形饰件，十分罕见。墓内还发现了最早的人工制墨。

M1俯视

M1椁室

M1发掘现场

088
弋射用具

M1出土
弓：残长69厘米
缴线轴：残长22.5～24.5、最大径4.5厘米

M1出土弓、矰矢、缴线轴的组合，是迄今所见最早的成套弋射用具。

M1出土缴线轴

M1弓出土情况

M1矰矢出土情况

弓（残）

矰矢

缴线轴

链接资料

弋射是古人生擒飞鸟的一种方法，是一种发射带绳箭矢的射术。常与乐舞、宴饮等题材一起出现在铜器纹饰或汉画像砖上。

《周礼·夏官·司弓矢》："矰矢、茀矢，用诸弋射。"郑玄注："结缴于矢谓之矰。矰，高也……二者皆可以弋飞鸟。"

《史记·楚世家》记载："十八年，楚人有好以弱弓微缴加归雁之上者，顷襄王闻，召而问之。对曰：'小臣之好射鶀雁，罗鸗，小矢之发也，何足为大王道也。且称楚之大，因大王之贤，所弋非直此也。昔者三王以弋道德，五霸以弋战国。故秦、魏、燕、赵者，鶀雁也；齐、鲁、韩、卫者，青首也；驺、费、郯、邳者，罗鸗也。外其余则不足射者。见鸟六双，以王何取？王何不以圣人为弓，以勇士为缴，时张而射之？此六双者，可得而囊载也。其乐非特朝夕之乐也，其获非特凫雁之实也。……王出宝弓，碆新缴，涉鄳塞，故曰秦为大鸟，负海内而处，东面而立，左臂据赵之西南，右臂傅楚鄢郢，膺击韩魏，垂头中国。……'"

故宫博物院藏战国宴乐铜壶弋射图

曾侯乙墓出土衣箱弋射阳鸟图

山彪镇琉璃阁出土铜壶弋射图

成都百花潭出土铜壶弋射图

成都出土汉代画像砖弋射图

089
金箔虎形饰

M1出土
长12.4厘米

金箔虎形饰为锤鍱成型后再单面抛光、刻划线形纹饰而成。虎形金饰经检测，含金量约87%。M1墓地出土金属制品有的经过铸造，有的经过锻造，材质多样，锻造工艺成熟。相关资料的出土丰富了冶金考古的研究资料，对于研究古代金属加工制作技术的发展具有一定的意义。

M1金箔虎形饰出土情况

090
墨块

M1出土
长8.7、宽6.6厘米

墨在中国起源很早，目前所知最早的墨书文字见于殷墟的甲骨，而实物形态的墨最早见于江陵九店的战国墓中。此次考古发现的墨块经检测含碳12%～15%，无疑是迄今为止发现最早的实物形态的墨，对于探讨古代墨的制作及使用都具有重要意义。

一号车坑全景

（二）一号车坑、一号马坑

郭家庙墓地曹门湾墓区M1葬在高地，其他墓葬、车坑、马坑有规律分布在其西、南的低地。一号车坑（CHK1）、一号马坑（MK1）为M1陪葬坑，位于M1的西南面。其中一号车坑长32.7、宽4米，葬车28辆。车阵东西纵列，出土各种车具122件（组）。一号马坑长9、宽8、深2米，葬马49匹。车坑为同期最大。

1. 一号车坑（CHK1）

一号车坑葬车28辆。据迹象判断，车舆、毂、辐、轮、辕、衡等结构清楚，多数车上带有軎、毂饰、辕首饰、辕末饰、銮铃等铜质构件，总数约122件（套）。

车坑的北沿发现了14个柱洞、南沿也发现2个柱洞（部分柱洞因叠压在车的遗迹下未能清理）。有专家分析车坑填埋前其上建有“车棚”，推测与“诸侯五日而殡，五月而葬”的礼制有关，为车坑正式填埋前保护车的完好而设置的。

CHK1-20号车

CHK1-22号车

CHK1-26号车

CHK1-25～28号车

一号车坑铜车器出土情况

一号车坑出土铜车器

一号车坑出土铜车器

一号车坑中柱洞

2. 一号马坑（MK1）

一号马坑葬马49匹以上。马匹是被杀死后葬在坑中，南侧和北侧的马匹摆放整齐，其他部位的则为乱葬，有上下叠压的现象。所有马头排列多见两个一组，据此推测一号车坑的车多为两驾马车。

一号马坑全景

（三）墓主之谜

本次郭家庙墓地发掘的500平方米面积中，M1规模最大，虽遭盗掘，墓中仍存有曲尺形编钟架和编磬，这是诸侯悬挂乐器的“轩悬”（三面悬乐器）之制；1982年，在M1不远处的耕土层中曾出土“曾侯绊伯戈”，其同类型戈在M1中也有出土；墓区中M10、M13出土有曾子铭文铜器。综合分析，M1主人应为春秋早期曾国国君，或为“曾侯绊伯”。

M1出土铜戈

091
曾侯绊伯铜戈

采C01
通长21.5、援长14.8、内长6.5、内宽3.5厘米

戈长援平直，三角形锋，三穿，内上一长方形穿。内尾铸有铭文二行6字：

曾侯绊
伯秉戈

（四）早期曾都

郭家庙墓地以东1千米的周台、忠义寨遗址是大型聚落遗址。2002年和2014年两次考古调查发现，忠义寨遗址有西周晚期至春秋城壕及遗物；周台遗址东西长3000、南北宽2000米，为西周晚期至战国中期，出土了颇具规模的建筑设施，文化面貌与中原姬周文化一致，春秋中期即为楚人占据。综合郭家庙曾侯墓地及随州叶家山等曾国墓地的发掘材料，周台、忠义寨区域或为两周之际曾国国都所在。

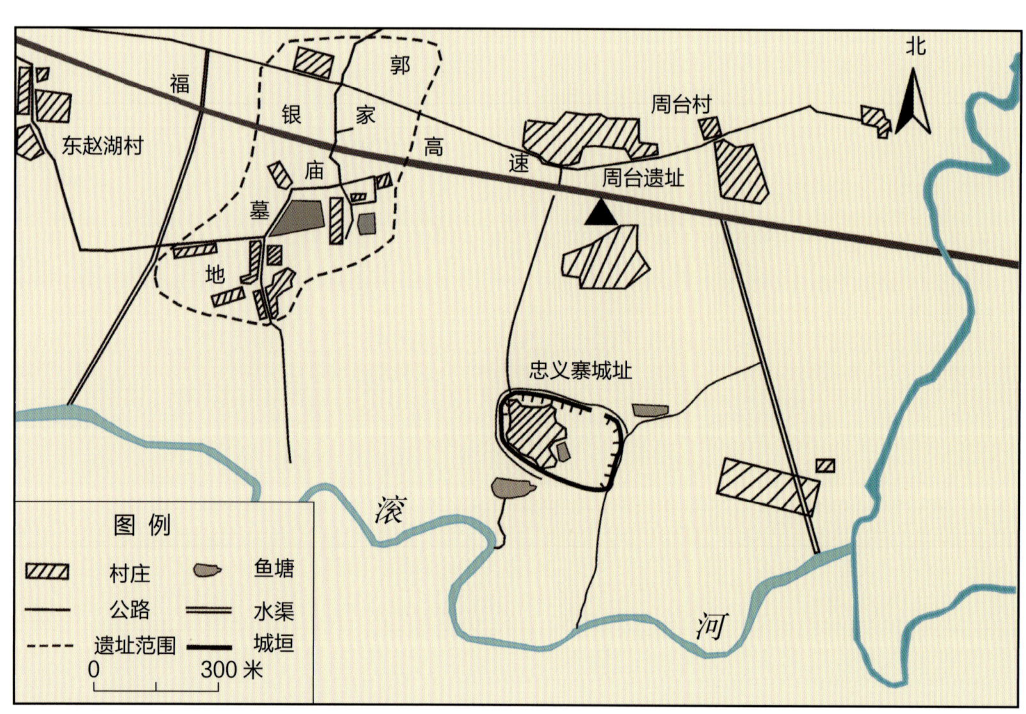

郭家庙、周台、忠义寨遗址相对位置图

092
陶水管

2002年枣阳周台遗址出土
口径16.2、通长58厘米

泥质红陶。直筒形，一端稍粗，一端稍细，表面饰绳纹。陶制水管小口套入另一节大口内，铺设于沟渠底部，用于建筑排水。

093
筒瓦

2002年枣阳周台遗址出土
通长38.4、宽14.9厘米

泥质灰陶。瓦舌微翘，圆唇，折肩。表面饰绳纹。

094
陶盖豆

2002年枣阳周台遗址出土
口径19.2、底径12.7、高15.8厘米

泥质灰陶。子母口，深腹，高柄，阶梯状喇叭形圈座，器盖佚失。素面。

095
陶罐

2002年枣阳周台遗址出土
口径13.5、底径5.5、高19.3厘米

泥质灰陶。侈口，折沿，溜肩折腹下收，平底。器表饰绳纹。

096
陶罐

2002年枣阳周台遗址出土
口径13.5、底径5.5、高19.3厘米

泥质灰陶。侈口，束颈，上腹圆鼓，下腹斜收，平底肩部有两环形耳。器表饰绳纹。

097
陶鬲

2002年枣阳周台遗址出土
口径43.5、高41.1厘米

泥质灰陶。侈口，折沿，束颈，腹圆鼓，袋状足。器表饰绳纹，上腹部饰一周附加堆纹。

098
陶缸

2002年枣阳周台遗址出土
口径24.2、高54.8厘米

泥质红陶。小口，折沿，溜肩，鼓腹，圜底。器表饰绳纹。

099
陶甗

2002年枣阳周台遗址出土
口径38、通高58.8厘米

泥质红陶。甑侈口，折沿，斜腹。鬲直口，腹微鼓，袋足。器表饰绳纹。

结语

商周时期，诸侯封国林立，唯有曾国的历史文化是通过不间断的考古发掘逐步揭示出来的。学界所谓“曾随之谜”的猜想，从提出到最终的解决，都有赖于考古发现提供的证据。

2002年枣阳郭家庙墓地的发掘、2014年郭家庙墓地曹门湾墓区的发掘都是揭示曾国历史文化过程中开展的田野考古工作，为我们探索复原曾国历史文化提供了鲜活的历史场景。随着时代的发展，学术界的探索逐步引起社会各界和媒体的关注。2015年春节期间，中央电视台专门制作了郭家庙曾国墓地考古发掘专题片予以介绍。郭家庙墓地考古因在考古学、历史学和科技史上都有重要发现，为研究早期曾国文化、曾与楚等方国关系提供了新材料，被评为2014年度全国十大考古新发现之一。为向社会各界汇报这一重大考古发现，湖北省博物馆、长江文明馆共同举办专题展览，以全面展现郭家庙墓地的发掘成果。